A Children's Guide to the World of Food

Food offers a unique window into a country's culture and children are naturally fascinated by what people eat in other countries. This book is a fun and interesting exploration of food, culture, history, and international environments. With a focus on cultural diversity, children will learn about other countries by learning about the food they eat, the impact of food on culture, and impact of culture on food. They will also learn about how countries try to use "food power" to grow their national brands and economic power.

In the Text

* *Korea : kimchi*
* *India : chapāti, naan and samosa*
* *Portugal : bacalhau*
* *Mexico : taco*
* *Egypt : ta'miyya*
* *Saudi Arabia : kabsa*

알고 먹으면 더 맛있는
음식의 세계사

풀과바람 08

알고 먹으면 더 맛있는 음식의 세계사
A Children's Guide to the World of Food

개정판 1판 1쇄 | 2021년 3월 29일
1판 4쇄 | 2023년 1월 30일

글 | 박영수
그림 | 노기동

펴낸이 | 박현진
펴낸곳 | (주)풀과바람
주소 | 경기도 파주시 회동길 329(서패동, 파주출판도시)
전화 | 031) 955-9655~6
팩스 | 031) 955-9657
출판등록 | 2000년 4월 24일 제20-328호
블로그 | blog.naver.com/grassandwind
이메일 | grassandwind@hanmail.net

편집 | 이영란
디자인 | 박기준
마케팅 | 이승민

ⓒ 글 박영수, 그림 노기동, 2021

이 책의 출판권은 (주)풀과바람에 있습니다.
저작권법에 의해 보호를 받는 저작물이므로 무단 전재와 복제를 금합니다.

값 12,000원
ISBN 978-89-8389-892-0 73900

※ 잘못 만들어진 책은 구입처에서 바꾸어 드립니다.

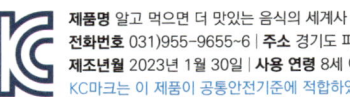
제품명 알고 먹으면 더 맛있는 음식의 세계사 | **제조자명** (주)풀과바람 | **제조국명** 대한민국
전화번호 031)955-9655~6 | **주소** 경기도 파주시 회동길 329
제조년월 2023년 1월 30일 | **사용 연령** 8세 이상
KC마크는 이 제품이 공통안전기준에 적합하였음을 의미합니다.

 주의
어린이가 책 모서리에
다치지 않게 주의하세요.

알고 먹으면 더 맛있는
음식의 세계사

박영수 글·노기동 그림

풀과바람

머리글

"살기 위해 먹는가, 먹기 위해 사는가?"

철학적인 이 질문에 대해 명확히 답하기란 쉽지 않은 일입니다. 상황에 따라 살기 위해 먹거나 종종 맛있는 음식을 먹기 위해 살기도 하니까요. 사람은 기본적으로 하루에 한 번 이상 음식을 먹어야 삽니다. 그러하기에 대부분 문화권에서는 질리지 않는 음식을 주식으로 삼으면서 때때로 별미를 즐겨 먹고 있습니다. 여러 식품을 섞거나 향신료를 넣어 독특한 음식을 만들어 온 역사의 배경입니다.

식욕은 인간의 가장 기본적인 욕망입니다. 누구든지 배고프면 뭔가 먹고 싶어 하고 이왕이면 맛있는 음식을 먹으려고 합니다. 같은 맥락에서 음식은 단순히 생명을 이어 주는 것에 그치지 않고 많은 사연을 지니고 있습니다. 특이한 맛을 즐기고자 동물을 학대해 만든 음식이 있는가 하면, 아프리카에 살던 흑인이 아메리카 대륙에서 노예로 일할 때 먹은 음식이 별미가 되기도 했습니다.

 세계 여러 나라를 살펴보면 비슷한 음식도 있고 확연하게 다른 음식도 있습니다. 각국의 자연환경에 맞춰 생긴 음식은 고유의 역사 문화를 지니고 있으며, 비슷한 음식은 교류를 통해 조금씩 바뀐 것입니다. 예컨대 추운 지역에서는 찬 성질을 지닌 밀가루 음식을 주로 먹었고, 따뜻한 지역에서는 쌀을 주식으로 삼았습니다. 그런가 하면 우리나라의 국수, 일본 라멘, 이탈리아 파스타 등은 비슷한 듯 다른 음식입니다.

 일반적으로 음식에 대한 사람의 반응은 쉽게 변하지 않습니다. 다른 것은 피하면서 몇 가지 특정 음식만 먹으려 하는 편식은 이런 반응이 극단적으로 나타난 현상입니다. 또한 어려서부터 자주 먹은 음식은 중독이 되어 계속 찾게 됩니다. 고향을 떠나 다른 나라로 가서 살지라도 먹던 음식을 찾는 이유도, 각 나라의 음식 문화가 다른 이유도 여기에 있습니다.

 그렇지만 새로운 맛에 반하거나 더 맛있는 것을 맛보면 입맛은 서서히 바뀝니다. 그래서 음식 문화는 시간이 오래 걸리긴 하지만 자꾸 변합니다. 필자는 이런 점에 주목하여 세계 각국의 음식 탐험에 나섰습니다. 각 나라의 색다른 음식에 대한 유래와 특징을 알아 그 나라를 더욱 이해하는 계기가 되길 바라는 마음에서입니다. 아무쪼록 유익한 여행이 되기를 기원합니다.

박영수

차례

제1장 한국과 아시아
- 01 **한국** : '김치'를 대표하는 배추김치 … 10
- 02 **일본** : 생선을 맛있게 즐기는 음식, 생선 초밥과 생선회 … 14
- 03 **일본** : 어원이 엉뚱한, 일본 튀김 요리 뎀뿌라 … 18
- 04 **중국** : 색다른 두부 요리, 마파두부와 취두부 … 22
- 05 **중국** : 둥베이식 탕추 요리, 궈바오러우 … 26
- 06 **몽골** : 전통 음식 허르헉과 보즈 … 28
- 07 **인도** : 밀가루 음식, 차파티와 난 그리고 사모사 … 32
- 08 **인도네시아** : 코코넛 기름으로 볶은 밥 나시고렝 … 36
- 09 **베트남** : 국물 맛 좋은 쌀국수 '포' … 40
- 10 **태국** : 별미 쌀국수 카놈찐 남야, 새우 수프 톰얌쿵 … 44
- 11 **필리핀** : 장조림도 아니고 불고기도 아닌 아도보 … 48

제2장 유럽
- 01 **영국** : 혁신적 요리로 등장한 피시 앤드 칩스 … 54
- 02 **독일** : 소시지의 대명사 프랑크 소시지 … 58
- 03 **프랑스** : 달팽이를 버터로 볶은 요리 에스카르고 … 62
- 04 **스위스** : 녹인 치즈에 빵을 찍어 먹는 퐁뒤 … 66
- 05 **이탈리아** : 이탈리아의 명물, 파스타와 마르게리타 피자 … 70
- 06 **포르투갈** : 대구를 소금에 절여서 말린 바칼라우 … 74
- 07 **스페인** : 만드는 재미가 있는 별난 요리 파에야 … 76
- 08 **헝가리** : 매운 파프리카를 넣어 만드는 구야시 … 80
- 09 **네덜란드** : 익히지 않고 숙성시켜 먹는 청어 요리 하링 … 84

제3장 아메리카

- 01 **미국** : 소시지 빵 핫도그와 간편식 햄버거 ··· 88
- 02 **캐나다** : 대중적인 음식 푸틴, 그리고 프렌치프라이 ··· 92
- 03 **멕시코** : 원주민 생활 정서를 상징하는 음식 타코 ··· 94
- 04 **아르헨티나** : 목동들이 먹은 숯불 쇠고기구이, 아사도 ··· 96
- 05 **브라질** : 순대국밥 또는 부대찌개와 비슷한 페이조아다 ··· 100
- 06 **콜롬비아** : 간식 엠파나다, 주식 아레파 ··· 102

제4장 러시아와 그 밖의 나라

- 01 **러시아** : 검은 진주로 불리는 철갑상어 알젓 캐비아 ··· 106
- 02 **터키** : '구이'라는 뜻의 고기 요리 케밥 ··· 110
- 03 **이집트** : 이색적인 콩 요리 풀과 별미 튀김 타미야 ··· 112
- 04 **이란** : 쌀밥과 고기를 같이 먹는 요리, 첼로 캬밥 ··· 116
- 05 **사우디아라비아** : 양고기와 밥으로 만드는 캅사 ··· 120
- 06 **이스라엘** : 고난 극복을 기념하는 음식 마초 ··· 122
- 07 **에티오피아** : 따로 또 같이 먹는 음식 인제라 ··· 126
- 08 **동부 아프리카** : 옥수숫가루를 휘저어 만든 우갈리 ··· 130

제1장
한국과 아시아

'김치'를 대표하는 배추김치

"찬바람이 부네요. 이제 김장을 해야겠어요."

오랜 옛날 우리 조상들은 늦가을이 되면 채소 절임을 만들었습니다. 겨울에는 채소를 기르기 힘들므로 썩기 쉬운 오이·무·파 등을 소금에 절여 보관해 두고 겨울을 나는 동안 조금씩 꺼내 먹기 위해서였지요.

이렇게 담근 채소 절임을 '지(漬)' 또는 '짠지'라고 불렀습니다. '漬(담글 지)'라는 글자에서 알 수 있듯 소금물에 담근 채소를 이르는 명칭이었지요. 잘게 썰지 않고 통째로 소금에 절인 채소는 '짠지'라고 불렀습니다. 따라서 초기의 김치는 양념 없이 담근 장아찌에 가까웠습니다. 그나마 소금이 귀해서 지(짠지)는 귀한 음식으로 여겨졌습니다.

고려 시대 문장가 이규보(1168~1241)는 《동국이상국집》의 '가포육영'이란 시에서 채소를 소금에 절이는 일을 '염지(鹽漬)'라고 표현하면서 무장아찌와 무김치를 다음과 같이 노래했습니다.

"무장아찌는 여름에 먹기 좋고, 소금에 절인 순무는 겨우내 반찬 되네."

이 시에 소개된 무장아찌는 간장이나 된장에 담근 무를 가리키고, 소금에 절인 순무는 무김치를 의미합니다. 조선 중종 때 학자 김안국(1478~1543)은 1516년에 펴낸 《벽온방》에서 '저즙(菹汁)을 집안사람이 다 먹어라.'라고 썼는데 여기서의 '저즙'은 '채소 절임(菹)으로 끓인 국(汁)'을 뜻합니다.

그리고 이때까지만 해도 고추를 버무린 배추김치는 이 땅에서 볼 수 없었습니다. 그렇다면 현재 김치의 대표로 손꼽히는 배추김치는 언제부터 시작됐을까요?

우선 '김치'라는 말은 17세기 요리책 《주방문(酒方文)》에 표기된 '침채(沈菜)'에 어원을 두고 있습니다. 나물(菜)을 소금물에 잠기게(沈) 한다는 뜻의 침채는 '딤채'·'짐채'·'김채'·'침치'를 거쳐 '김치'가 되었습니다. 요컨대 김치는 '(소금물에) 담근 나물(채소)'이라는 뜻입니다.

오랜 세월 소금 절임 채소로 사랑받아 온 김치는 조선 중엽에 이르러 혁명적인 변화를 맞이했습니다. 바로 고추의 유입과 사용입니다.

남아메리카가 원산지인 고추는 16세기경 우리나라에 전해졌습니다. 그렇지만 고추는 곧바로 김치에 사용되지 않았으며 대개 채소 반찬으로 상에 올려졌습니다. 17세기에 들어서서도 고추를 쓰지 않고 소금에 절인 무와 동치미를 만들어 먹었습니다.

"요즘은 소금을 구하기가 너무 힘들어요."

"글쎄 말입니다. 어떻게 해야 하나요?"

그런데 18세기에 소금 품귀 현상이 일어나면서 사정이 달라졌습니다. 소금이 귀해지자 임시응변으로 채소 절임에 고추를 사용한 것입니다. 무를 소금물에 절일 경우 소금 농도가 20퍼센트에 이르러야 하지만, 고추를 쓰면 소금을 적게 써도 괜찮았기 때문입니다.

"고추를 팍팍 넣으세요. 그럼 옅은 소금물에 채소를 절여도 상하지 않아요."

채소 절임에 고추를 사용해 먹어 보니 맛이 의외로 좋았습니다. 아니 오히려 매운맛이 식욕을 자극하여 더 좋았습니다. 게다가 고추는 탄수화물(밥의 주요 성분)의 소화를 촉진시키므로 밥과 채소 절임을 같이 먹으면 그야말로 환상 궁합이었습니다. 그러자 채소 절임에 고추를 사용하는

일이 당연시되었습니다.

 중국이 원산지인 배추는 1900년대에 처음 수입되었습니다. 배추는 아삭아삭한 맛이 있는 데다 삭힌 배춧잎은 찌개나 국으로 끓여 먹기에 좋았으므로 배추김치는 금방 널리 퍼졌습니다. 세계적인 육종학자 우장춘(1898~1959) 박사는 1950년대에 배추와 양배추를 교배하여 우리나라 환경에 맞는 배추를 개발했습니다. 덕분에 우리는 품질 좋은 배추를 먹을 수 있게 됐습니다. 이후 무김치보다 배추김치를 더 많이 담갔기에 '김치'라고 하면 흔히 배추김치를 떠올리기에 이르렀습니다.

생선을 맛있게 즐기는 음식, 생선 초밥과 생선회

일본

"생선을 발효시켜 먹으니 아주 맛있답니다."

옛날 동남아시아 바닷가 사람들이 소금 뿌린 쌀밥으로 생선을 보존하던 방법이 7세기 무렵 일본에도 전해졌습니다. 일본인들은 생선 내장을 꺼내 버리고 그 자리에 소금 섞은 쌀밥을 채운 다음 나무 상자에 넣고 무거운 돌로 눌러놓았습니다. 그러고는 한 달 정도 지난 뒤에 꺼내어 생선만 골라 먹었습니다. 일본인들은 이 발효 생선을 '나레즈시(なれずし)'라고 불렀습니다. '숙성된 생선'이란 뜻입니다. 일본어 '스시(すし)'는 본래

'시큼한 맛'을 의미했지만, 나중에는 '생선 초밥'이란 뜻으로 바뀌었습니다.

"처음부터 쌀밥에 식초를 섞으면 발효 시간이 단축되지 않을까?"

16세기 무렵 일본인들은 식초를 사용하여 자연 발효를 대신했고, 17세기에는 단맛 나는 식초로 버무린 초밥과 생선을 상자에 넣었다가 몇 시간 뒤 꺼내 먹는 방법도 찾아냈습니다. 이제 쌀밥도 버리지 않고 먹을 수 있었습니다.

"쌀밥을 생선 살로 덮어서 같이 먹으면 어떨까?"

19세기 초 일본 에도(지금의 도쿄)에 살던 '하나야 요헤이'라는 상인이 초밥에 얇은 생선 한 조각을 붙여 팔았습니다. 니기리스시(주먹 초밥)는 한 입 크기로 먹기 좋은 데다 식초에 절이지 않았으므로 생선 고유의 맛을 지닌 장점도 있었습니다. 살짝 비린내를 풍기는 단점은 고추냉이(와사비) 섞은 간장에 찍어 먹는 방법으로 보완했습니다.

에도에 사는 사람들은 직장 일을 마치고 집으로 돌아가거나 목욕탕에 다녀오는 길에 노점에서 선 채로 생선 초밥을 즐겨 먹었습니다. 생선 초밥이 인기를 끌자 19세기 중엽에는 시내 여기저기에 생선 초밥을 파는 노점상이 경쟁적으로 생겼습니다.

"위생이 좋지 않으니 당장 없애시오!"

1939년, 일본 정부는 노점을 일시에 폐쇄했습니다. 그 바람에 실내에서 생선 초밥을 파는 음식점이 대신 생겼습니다. 이때부터 손님은 앉아서 먹고, 요리사는 서서 초밥을 만드는 풍경이 자리 잡았습니다.

싱싱한 생선 살을 얇게 저며서 날로 먹는 '생선회'는, 일본의 경우 장군이 통치하는 막부(幕府) 때인 14세기부터 일부 귀족들이 먹었습니다.

원래는 어부들이 갓 잡은 생선을 얇게 썰어 익히지 않고 먹는 즉석요리였지만, 16세기 무렵 식초에 절이는 방법이 나오면서 생선을 식초에 절인 뒤 잘게 썰어 회로 먹었습니다. 당시에는 간장이 없었기에 별다른 양념 없이 생선 맛을 즐겼습니다.

생선회를 일본어로 '사시미[刺身]'라고 하는데 '찌르다'라는 뜻의 '사스(刺す)'와 생선 살을 의미하는 '미(身)'가 합쳐진 말입니다. '칼로 살을 찌름'이라는 명칭이 붙은 데에는 사연이 있습니다.

16세기 무렵 오사카의 한 성주가 손님을 위해 잔치 벌였을 때, 요리사는 십여 가지 생선회를 상에 내놓았습니다. 이때 한 손님이 생선회 맛을 칭찬하면서 생선 이름을 물었습니다. 요리사는 설명하고 물러나면서 생각했습니다.

'일일이 묻지 않아도 알 수 있게 하는 방법이 뭘까?'

다음 잔칫상부터 요리사는 여러 종류의 생선을 접시에 담을 때 각각의 생선 지느러미나 아가미에 이름이 적힌 작은 깃발을 찔러 놓았습니다. 이후 점차 작은 깃발을 꽂는 풍습은 없어지고 '사시미'라는 이름만 남았습니다.

19세기 들어 간장이 보편적인 조미료로 사용되자 생선회는 일반 서민도 즐기는 요리가 됐습니다.

생선을 날로 먹는 것은 일본만의 음식 문화가 아닙니다. 하지만 19세기 말부터 20세기 중엽까지 일본이 군사 강국으로 위세를 떨칠 때 '스시'와 '사시미'가 외국에 널리 알려졌습니다. 또한 조용히 먹으며 얘기하는 음식으로 여겨지면서 고급 사교 요리로 대우받게 됐습니다.

03 일본
어원이 엉뚱한, 일본 튀김 요리 뎀뿌라

"이거 무척 맛있네!"

일본에서 에도 막부 시대를 연 초대 쇼군 도쿠가와 이에야스[德川家康]는 70세가 넘는 나이에 생선튀김을 처음 맛보고는 자주 즐겨 먹었습니다. 1616년 2월 어느 날의 일입니다. 도쿠가와는 그날도 도미튀김을 한 접시 먹고는 부하에게 이렇게 말했습니다.

"하나 더 먹고 싶구나."

도쿠가와는 평소에 담백한 음식을 적당히 먹었지만, 그날은 색다른 맛에 반해서 과식을 했습니다. 이게 문제를 일으켰습니다. 기름진 튀김을 갑자기 너무 많이 먹자, 도쿠가와의 위장이 소화를 시키지 못하고 예민한 반응을 보인 것입니다.

"아이코, 배야. 아이고!"

도쿠가와는 배를 움켜쥐고 뒹굴다 위험한 상태에 빠졌습니다. 급히 의사가 달려와서 응급조치를 취해 일단 위기를 넘긴 도쿠가와는 건강을 회복했습니다. 하지만 늙은 나이에 겪은 위장 장애 충격이 워낙 컸던 탓인지 도쿠가와는 그해 6월 1일 73세 나이로 세상을 떠났습니다.

일반적으로 나이 들면 기름진 음식을 소화하기 힘듭니다. 그런데도 도쿠가와는 왜 생선튀김을 좋아하고 즐겨 먹었을까요? 그 이유를 알아볼까요.

에도 시대(1603~1867년) 이전에는 일본에 튀김 음식이 매우 드물었습니다. 사찰에서 어쩌다 두부를 튀기는 정도였으며, 일반 가정에서는 기름이 워낙 비쌌기에 음식을 튀길 생각조차 하지 못했습니다.

그런데 1570년 일본이 나가사키 항구를 서양에 개방하면서 사정이 달라졌습니다. 포르투갈과 네덜란드 사람들이 들어와서 무역 활동을 할 때, 한편에서 가톨릭 선교사들이 종교를 전파하면서 튀김 음식을 선보인 것입니다. 선교사들이 사계 재일(사계절에 3일간 고기 대신 생선을 먹으며 하느님 은혜에 감사하는 날)에 생선과 새우를 밀가루에 묻힌 채 달걀에 넣었다가 기름에 넣어 튀겨 먹자, 한 일본인이 물었습니다.

"그게 뭔가요?"

"콰투오르 템포라(Quatuor Tempora)."

선교사는 '사계 재일'에 육식을 할 수 없어서 생선이나 새우를 튀겨 먹는다는 뜻으로 위와 같이 대답했습니다. '콰투오르'는 라틴어로 4를 뜻하고 '템포라'는 계절을 의미합니다. 사계절이 시작될 때 먹는 종교적 음식이란 얘기였던 것입니다.

그러나 일본인들은 그 말을 오해하여 음식 이름으로 알아들었습니다. 그래서 튀김을 가리켜 자기들 편한 대로 '뎀뿌라(てんぷら)'라고 발음했고, 생선과 새우는 물론 각종 해산물과 채소를 튀김으로 만들어 먹기 시작했습니다. 한동안은 주로 경제적으로 여유 있는 사람들만 뎀뿌라를 먹었습니다. 그러다 18세기 중엽에 튀김용 기름이 비교적 값싸지자 길거리에서 뎀뿌라를 만들어 파는 노점상이 생겼습니다. 덕분에 서민들도 재료를 꼬챙이에 꽂아 튀긴 뎀뿌라를 맛있게 먹을 수 있었습니다. 이후 뎀뿌라는 일본을 대표하는 음식이 되었습니다.

튀김은 겉은 바삭하지만 속에 있는 재료를 부드럽게 하는 조리법입니다. 속까지 딱딱해지면 먹기 힘듭니다. 그래서 튀김에는 기술이 필요합니다. 재료를 밀가루에 묻힌 뒤 달걀로 옷을 입혀 높은 온도에서 빨리 익혀야 합니다.

　이런 튀김 음식을 처음 먹을 경우 고소하고 바삭한 맛 뒤에 부드러운 질감을 느낄 수 있어 강한 인상을 받습니다. 도쿠가와도 그랬습니다. 처음 먹어 본 맛이 너무 좋아 그만 과식한 이유가 여기에 있습니다.

　오늘날 일본에서는 뎀뿌라 자체만 즐기기도 하고 우동 위에 고명으로 넣어 먹기도 합니다. '뎀뿌라'에 해당하는 우리말은 '튀김'입니다.

색다른 두부 요리, 마파두부와 취두부

청나라 10대 황제인 동치제 때의 일입니다. 쓰촨성[四川省] 성도(省都, 성의 중심이 되는 도시)인 청두[成都] 북문 밖 만복교 부근에서 목재상 아들 진덕삼과 채소 가게 딸 온교교가 결혼하여 행복하게 살고 있었습니다. 온교교는 얼굴에 얽은 자국이 몇 개 있었지만, 남편 사랑을 듬뿍 받으며 생활했습니다. 그런데 덕삼의 누나들이 교교를 흉보며 헐뜯자, 두 사람은 다른 곳으로 이사 가서 새로운 삶을 시작했습니다.

하지만 둘의 행복은 오래 가지 못했습니다. 덕삼이 갑작스레 죽었기 때문입니다. 교교는 생활비를 벌기 위해 음식점을 열었습니다. 교교의 평소 음식 솜씨가 뛰어남을 알고 주변 사람들이 도와주었습니다.

"사람들 입맛을 끌려면 뭔가 새로운 요리를 선보여야 하는데……."

교교는 고민 끝에 쇠고기를 다지고 두부를 뜨거운 물에 데친 뒤 매운 양념으로 볶았습니다. 그리고 녹말을 조금 물에 개어 부어서 소스를 걸쭉하게 하고는 화초(산초나무 열매) 가루를 뿌렸습니다.

"손님, 이걸 드셔 보세요."

맛을 본 손님이 교교에게 물었습니다.

"뜨겁고 얼큰하고 맛있군요. 이 음식 이름이 뭔가요?"

교교는 미처 이름을 짓지 못했기에 당황하여 대답하지 못했습니다. 그러자 손님이 웃으면서 농담 삼아 '곰보 부인 두부(麻婆豆腐)'라고 불렀습니다. 교교 얼굴에 얽은 자국이 있기에 그리 부른 것입니다. 중국어로 '마(麻)' 자는 곰보, '파(婆)' 자는 부인이라는 뜻입니다.

교교가 개발한 두부 요리는 큰 인기를 끌었습니다. 교교는 아예 음식점 이름을 '진씨 곰보 부인 두부점(陳麻婆豆腐店)'으로 바꾸고 마파두부를 전문적으로 팔았습니다. 죽은 남편을 추모하면서 진(陳)씨 성을 넣은 것이었지요.

오늘날 기름지고 매콤한 마파두부, 중국어로 '마포더우푸'는 쓰촨성의 대표적 명물 음식이자, 중국에서 가장 유명한 요리 중 하나로 손꼽히고 있습니다.

중국인들은 굳이 마파두부가 아니더라도 평소에 두부를 즐겨 먹습니다. '두부(豆腐)'는 간단히 말해 두유를 간수로 굳혀서 만든 음식입니다. 두유에서 두부를 만드는 방법은 우유에서 치즈를 얻어내는 것과 비슷한 기술입니다.

두부는 기원전 2세기 한나라 무제(武帝) 때 회남왕(淮南王) 유안(劉安)이 발명했습니다. 명나라 학자 이시진이 쓴 《본초강목》에 따르면, 회남왕은 학문을 좋아하여 '회남왕 만필술'이란 자연 과학 책을 썼는데 거기에 두부 만드는 법이 적혀 있었다고 합니다.

'콩을 물에 불린다. 불린 콩을 (맷돌로) 잘게 간다. 그것을 자루에 넣는다. 꽉 짜낸 콩 물을 끓이면서 여기에 간수(소금을 녹인 물)를 넣는다. 어느 정도 엉기면 꺼내 먹는다.'

회남왕은 바궁산[八公山] 근처에 머물면서 오래 사는 음식을 연구했는데, 이때 콩으로 하얀 빛깔과 부드러운 질감의 두부를 만들었다고 합니다. 지금도 두부 원산지로 여겨지는 바궁산 두부는 명물 음식으로 큰 인기를 끌고 있습니다.

두부는 영양이 많은 식품이며 부드러워서 먹기에도 좋습니다. 13~14세기 원나라 때 중국인 누구나 즐겨 먹는 대중적인 식품이 되었습니다.

중국인은 다양한 방법으로 두부를 조리해 먹습니다. 중국인이 좋아하는 취두부는 그런 식품 중 하나입니다.

"어휴, 썩은 냄새가 나네!"

외국인은 취두부를 보자마자 고개를 돌리곤 합니다. 발효시킨 두부라서 썩은 듯한 냄새가 진동하기 때문이죠. 하지만 중국인은 취두부를 탕, 꼬치, 튀김 등으로 즐겨 먹습니다. 취두부는 옛날에 어느 중국 상인이 팔다 남은 두부가 아까워서 소금과 향신료(맵거나 향기로운 맛을 더하는 조미료)에 절여 둔 데서 비롯됐습니다. 냄새는 고약하지만 맛이 색달랐기 때문입니다. 중국어로는 '처우더우푸'라고 합니다.

05 중국
둥베이식 탕추 요리, 궈바오러우

"돼지고기가 최고야!"

중국인 대부분은 여러 고기 중에서 돼지고기를 무척 좋아합니다. 음식 이름에 '肉(고기 육)' 자가 들어갔다면 돼지고기를 의미할 정도이거든요. 쇠고기는 '우육(牛肉)', 양고기는 '양육(羊肉)', 닭고기는 '계육(鷄肉)'이라고 따로 씁니다. 돼지고기를 조리해 먹는 방법도 다양합니다. 약한 불로 오래 조리거나 뜨거운 기름에 튀기거나 소스를 뿌리거나 해서 먹으니까요.

예부터 중국 둥베이[東北] 지역 사람들은 '궈바오러우[鍋包肉]'를 즐겨 먹었습니다. 목에서 음식을 삼킬 때 나는 소리에서 그 이름이 비롯된 '궈바오러우'는 손바닥처럼 넓적하게 썬 돼지고기를 재빨리 튀긴 다음에 달콤새콤한 양념을 끼얹어 먹는 요리입니다.

이에 비해 중국 광저우[廣州] 지역에서는 '탕추파이쿠[糖醋排骨]'라는 요리를 좋아했습니다. '탕추'는 설탕과 식초로 만든 소스, '파이쿠'는 돼지갈비를 가리키는 말입니다. 다시 말해 '탕추파이쿠'는 돼지갈비를 튀겨낸 다음 그 위에 양념을 끼얹어 먹는 음식입니다.

"맛은 있는데 먹기가 힘들군요."

청나라 말기 광저우에 머문 서양인들은 중국 음식 중에 탕추파이쿠를 가장 좋아했습니다. 하지만 갈비뼈를 발라내기 힘들어했습니다. 그걸 본 한 요리사가 갈비뼈를 없애고 살코기만으로 탕추파이쿠를 만들었습니다.

"오, 정말 먹기 좋습니다. 고기 맛도 훌륭하고요."

이 새로운 요리는 고기를 강조하고자 '탕추러우[糖醋肉]'로 이름 붙여졌습니다. 그리고 탕추러우는 근대에 중국 화교 요리사를 통해 한국에 전해졌고 '탕수육'이라 불렸습니다. '糖醋肉'를 우리 식으로 읽으면 '탕초육'이지만, 혼란기에 발음이 잘못 전해지면서 그대로 굳어 버린 것입니다. 정리하자면 탕수육은 한국화한 중국 요리이며, 궈바오러우와 탕추러우는 탕수육과 비슷한 중국 요리입니다.

06 몽골
전통 음식 허르헉과 보즈

 몽골이 여러 부족이 나뉘어 서로 견제하거나 협력하며 살던 12세기 말엽의 일입니다. 옛 왕족의 후손인 예수게이는 어린 아들 테무친(칭기즈 칸 본명)을 사돈에게 맡기고 발걸음을 돌렸습니다. 사위가 처가에서 어른이 될 때까지 생활하는 당시 풍습에 따라 아홉 살인 아들을 맡긴 것이었지요. 예수게이는 돌아가는 중에 아들 혼인을 축하하는 잔치를 열었습니다.

 "아드님 결혼을 축하드립니다. 한잔 받으시지요."

"고맙소, 윽!"

예수게이는 축하 술을 받아 마시다 죽었습니다. '잔치가 열리면 주인 초청 없이도 참석해서 인사를 할 수 있다. 잔치에서는 상대가 누구든 속임수 없이 음식을 주고받는다.'라는 몽골 관습에 따라 술잔을 받았는데, 평소 사이가 좋지 않던 타타르족 사람이 독을 타서 주었기 때문입니다. 다시 말해 그 타타르족 사람은 손님 접대를 중히 여기는 몽골 풍습을 악용하여 오랜 정적 관계인 예수게이를 죽인 것입니다.

아버지의 갑작스러운 죽음으로 테무친은 매우 어렵게 살았습니다. 뒷날 역사학자들이 칭기즈 칸에 대해 말할 때 빼놓지 않는 물고기 이야기는 그 고난을 잘 나타내고 있습니다. 칭기즈 칸은 몽골 사람들의 일상 음식인 양고기를 먹지 못하고 물고기와 풀뿌리로 목숨을 이어 갔는데, 이는 최악의 가난을 의미했습니다. 왜냐하면 몽골 사람들은 물고기를 먹지 않았거든요. 칭기즈 칸은 살기 위해서 금기 식품인 물고기를 잡아먹었던 것입니다.

몽골 사람들은 왜 물고기를 먹지 않을까요? 그 이유는 몽골의 자연 신앙에 있습니다. 예부터 몽골 사람들은 물이 귀한 자연환경에 영향을 받아 물을 신성하게 여겼으며, 물을 더럽히면 벌을 받는다고 생각했습니다. 또한 물고기(몽골어로 작스)는 항상 눈을 뜨고 인간을 지켜 주는 신령스러운 동물로 여겼습니다. 근대에 이르러서는 그런 관념이 많이 사라졌으며,

오히려 하찮게 여겨 먹지 않았습니다. 몽골 사람들이 물고기를 먹지 않은 이유가 여기에 있습니다.

"돼지고기나 닭고기도 먹지 않는다오."

몽골 사람들은 주로 양고기와 염소 고기를 먹습니다. 이는 종교적 이유가 아니라 유목 생활과 관계있습니다. 대부분의 몽골 사람들은 날씨나 풀과 물의 형편에 따라 가축과 함께 이동하며 생활합니다. 이때 말과 양, 염소, 소 등은 비교적 몰고 다니기 쉽지만 돼지와 닭은 그렇지 못하므로 아예 키우지 않고 먹지도 않는 것이지요.

몽골 사람들은 우리처럼 우유를 마시지 않습니다. 그보다는 젖을 끓이거나 치즈로 만들어서 먹습니다. 더운 날씨를 감안하여 두고두고 먹을 수 있는 방법으로 먹는 것이지요. 몽골 사람들은 아침과 점심에 '수테차'를 즐겨 마십니다. 수테차는 우유와 찻잎을 같이 넣고 끓여 만든 우유 차(젖 차)입니다.

몽골의 특별한 음식으로는 '허르헉'과 '보즈'를 꼽을 수 있습니다. '허르헉'은 귀한 손님이 왔을 때나 잔치할 때 꼭 만드는 전통 음식입니다. 양 한 마리를 잡아 고기를 토막 낸 뒤 미리 달군 큰 통에 뜨거운 돌과 함께 넣은 뒤 뚜껑을 닫고 익힙니다.

"이것을 드세요."

몽골 사람들은 양고기에서 가장 맛있는 부위로 생각하는 볼깃살(엉덩

이 부위)을 손님에게 건네줍니다. 그런 다음 나머지 고기를 주인이 알아서 모여 있는 사람들에게 나눠 줍니다.

  '보즈'는 몽골식 고기만두로, 설날 아침에 먹는 전통 음식입니다. 우리의 만두와 비슷하지만, 보즈에는 양고기와 양파 단 두 종류의 소만 들어갑니다. 모양은 자유롭지만 속이 보이도록 꼭지(윗부분)는 완전히 막지 않습니다. 찔 때 뜨거운 김이 그곳으로 들어가 고기 국물이 고이도록 하기 위함입니다. 따라서 보즈를 먹을 때는 국물을 후루룩 마십니다.

밀가루 음식, 차파티와 난 그리고 사모사

07 인도

초창기 인류는 곡물을 그대로 먹다가 이내 가루로 빻아 물을 넣고 죽처럼 끓여 먹는 방법을 알아냈습니다. 한결 먹기 편했고 소화도 잘되었습니다. 그렇지만 맛을 느끼기엔 뭔가 부족했습니다.

'좀 더 맛있게 먹을 방법이 없을까?'

그러던 어느 날 곡물 가루에 물을 넣어 반죽한 다음 뜨거운 돌 위에 얹어 구워 보았습니다. 그랬더니 납작하고 약간 딱딱해서 씹기 좋은 빵이 되었습니다.

"고소하네. 죽보다 훨씬 맛있어!"

이렇게 해서 무(無)발효 빵이 탄생했습니다. 발효하지 않았기에 부드럽지는 않지만 담백하고 고소한 맛은 사람들을 사로잡았습니다.

인도인들은 고대부터 이런 무발효 빵을 만들어 먹었습니다. 밀가루 반죽을 넓게 밀고 나서 화덕 안에 붙여서 구웠지요. 통밀 가루에 소금을 조금 넣고 반죽하여서 자꾸 먹어도 물리지 않게끔 했습니다. 이런 인도의 빵을 '차파티(chapāti)'라고 합니다.

"차파티는 어떻게 먹어요?"

말랑말랑한 차파티는 담백한 맛이 납니다. 하여 그냥 차파티만 먹어도 되지만, 옛날 인도인들은 사탕수수를 절구에 찧어 받아낸, 단맛 나는 즙에 차파티를 찍어 먹기도 했습니다.

"차파티는 씹을수록 고소한 맛이 입안에 퍼져요."

"사탕수수즙을 찍으면 달콤해서 좋아요."

오늘날에는 먹기 좋을 만큼 손으로 잡아떼어서 고기나 채소를 곁들여 먹습니다. 지역에 따라서는 차파티를 카레 소스에 찍어 먹기도 합니다. 차파티는 만드는 방법이 간단한 데다 통밀이 원료이기에 건강에 좋습니다. 하여 서민의 대중적인 음식으로 널리 사랑받고 있습니다.

차파티가 껍질째 간 통밀 가루를 반죽하여 발효하지 않고 뜨거운 화덕 안이나 철판 위에 기름을 쓰지 않은 채 구워낸 빵이라면, '난(naan)'은 껍질을 벗겨 곱게 갈아 만든 밀가루를 반죽하고 이스트로 발효시켜서 부풀어 오르게 한 다음 구운 빵입니다. 따라서 난은 차파티에 비해 약간 부풀어 오른 모양을 하고 있습니다.

"난은 어떻게 만들어요?"

난은 얇게 늘여 편 밀가루 반죽을 화덕 안쪽 벽면에 붙여서 굽습니다. 난은 차파티보다 고급 빵이라고 할 수 있습니다만 먹는 방법은 똑같습니다. 난을 적당히 손으로 뜯어서 거기에 고기와 채소, 과일 따위를 얹어서 먹거나, 난을 찢어서 동그랗게 말아 숟가락처럼 사용하여 카레 소스를 떠서 같이 먹습니다.

"요리할 때 넣으니 향긋하네!"

중세에 이슬람교 세력이 인도에 들어오면서 음식 문화에 변화가 일어났습니다. 각종 견과, 건포도, 향신료 등을 요리에 첨가하여 한층 맛을 낸 것입니다. '사모사(samosa)'라는 인도식 군만두가 이때 생겼습니다. 만드는 방법도 비교적 간단했습니다. 밀가루 반죽을 손바닥 크기로 얇게 펴서 그 안에 먹고 싶은 재료를 넣어 삼각형 모양으로 만들면 되니까요. 그리고 기름에 튀겨내면 바삭바삭한 사모사가 완성됩니다.

'이것도 넣어 볼까?'

이왕 새롭게 만드는 별미인지라 영양을 생각해서 재료를 많이 넣었습니다. 감자가 전해진 뒤에는 감자를 으깨 양념하고 거기에 완두콩, 건포도, 토마토, 양파 따위를 섞어서 사모사 안에 소로 넣었습니다. 현재 인도인들은 사모사를 인도의 전채(본격적 식사 전의 간단한 요리) 또는 간식으로 즐겨 먹고 있습니다.

코코넛 기름으로 볶은 밥
나시고렝

08 인도네시아

"볶아서 먹으니 고소하고 맛 좋네!"

오랜 옛날 중국인 중 일부가 인도네시아로 건너가서 살았는데, 그때 그들은 종종 흰쌀로 볶음밥을 만들어 먹었습니다. 원주민들은 그걸 보고 응용하여 찬밥에 여러 재료를 섞어 볶은 인도네시아식 볶음밥 나시고렝(nasi goreng)을 만들어 먹었습니다. 나시는 '쌀', 고렝은 '볶다, 튀기다'라는 뜻입니다.

"닭고기도 넣고, 매콤한 삼발도 넣고 볶으면 맛이 끝내줍니다."

17세기경에 네덜란드 사람들이 인도네시아를 점령한 뒤에는 나시고렝에 향신료를 추가로 넣어 먹었습니다. 서양인들이 음식에 향신료를 많이 넣는 것에 영향을 받아 인도네시아 사람들도 향신료를 조리할 때 사용한 것이지요. 또한 네덜란드 사람에 의해 새로 알게 된 고추를 이때부터 적극적으로 사용했습니다. 앞서 언급한 '삼발'은 매운 고추를 기본으로 하고 양파, 마늘 등을 다지고 끓여서 만든 매운 소스(일종의 초고추장)입니다. 인도네시아 사람들은 매콤한 맛을 즐겨서 각 가정마다 특색 있는 삼발을 만들어 거의 모든 음식에 넣어 먹었습니다.

　오늘날 인도네시아 사람들은 하루에 한두 끼를 나시고렝으로 해결할 만큼 나시고렝을 좋아합니다.

　"나시고렝은 인도네시아의 대표 음식이라오."

　하여 인도네시아의 거리에서 흔히 볼 수 있는 까끼 리마(음식을 판매하는 수레 차)에서부터 고급 레스토랑에 이르기까지 나시고렝을 메뉴로 다루고 있습니다.

　인도네시아 사람들은 기본적이라 할 정도로 나시고렝은 물론 나시쿠닝(노란 밥), 미고렝(인도네시아식 볶음국수) 등등 웬만한 음식은 코코넛 기름으로 볶아 만듭니다. 나시쿠닝은 '심황'이라는 향신료와 소금을 넣고 볶은 밥으로 행사나 잔치 때 즐겨 먹는 음식입니다. 나시쿠닝 위에 고기나 삶은 달걀 등을 얹어서 먹습니다.

인도네시아의 밥그릇은 오목하지 않고 편평한 접시입니다. 개인용 접시에 밥과 반찬을 담아서 오른손으로 조금씩 집어서 먹습니다.

"어서 오세요."

인도네시아에서 파당(padang)은 조금 색다른 음식점 요리입니다. 파당 요리 전문 음식점에 들어선 손님이 자리에 앉으면 종업원이 바삐 움직입니다. 종업원은 손님이 주문하지도 않았는데 닭고기, 물고기, 달걀, 과

일, 채소 등을 다양하게 조리한 갖가지 음식들을 상에 가득 차려 줍니다.

"맛있게 드세요!"

처음 가는 손님은 당황하기 일쑤이지만 사정을 아는 현지인은 미소 지으며 자기가 좋아하는 음식을 골라 맛있게 먹습니다. 무조건 전부 먹어야 하는 게 아니라 먹고 싶은 것만 먹고 나중에 종합적으로 계산하면 되거든요. 말하자면 뷔페(늘어놓은 음식)와 셀프서비스(손수 하기)를 결합한 인도네시아식 뷔페인 셈이지요.

파당은 본래 수마트라 서쪽 지역을 가리키는 명칭으로 이곳 사람들은 예부터 그렇게 먹어 왔습니다. 그 풍습이 전역으로 널리 퍼져서, 인도네시아 고유의 음식점 문화가 된 것입니다.

인도네시아 사람들은 쌀 못지않게 밀가루 음식을 좋아합니다. 면을 코코아 기름으로 볶은 미고렝, 닭고기를 고명으로 얹은 면 요리인 미아얌은 특히 사랑받는 음식입니다. 인도네시아 사람들은 미아얌에 매운 소스 삼발을 끼얹어 얼큰하게 먹곤 합니다. '미'는 '면'을 뜻하고, '아얌'은 '닭고기'를 가리키는 말입니다. 닭튀김인 아얌고렝을 인도네시아의 조화로운 음식으로 꼽기도 하는데, 어느 종교인이든 닭고기를 싫어하지 않기 때문입니다.

09 베트남 국물 맛 좋은 쌀국수 '포'

1848년부터 1883년까지 베트남을 다스렸던 투둑(Tu Duc) 왕은 궁중에 요리사 수십 명을 두고 날마다 산해진미를 즐겼습니다. 그러던 어느 날 투둑 왕은 서민들이 자주 먹는 쌀국수를 찾았습니다. 베트남 사람들은 일찍부터 쌀로 여러 가공식품을 만들었는데 쌀국수도 그중 하나로 날마다 아침에 먹었습니다.

"음, 담백하고 맛있도다!"

이때의 쌀국수는 몇 가지 채소와 양념을 곁들인 비교적 단순한 음식이었지만, 투둑 왕은 진귀한 음식에 싫증 나서인지 쌀국수를 좋아하여 그날부터 자주 먹었습니다.

"쌀국수만 드시면 영양이 불균형해져서 건강이 상할 텐데……."

요리사 중 한 명인 응우옌은 왕의 건강을 염려해서 국물에 각종 약재를 넣어 쌀국수를 만들어 바쳤습니다.

"오늘 쌀국수는 맛이 아주 새롭구나!"

투둑 왕은 새로운 쌀국수에 매우 만족해하며 응우옌에게 연꽃을 하사했습니다. 당시 연꽃은 베트남 왕실에서 차를 끓일 때 쓰던 꽃으로, 요리사에게 '최고 요리사'라는 명예를 준 것입니다. 뒷날 응우옌 가문은 연꽃을 문장(단체를 나타내는 상징적인 표지)으로 내세우며 최고 요리사 집안임을 자랑했습니다.

"탕, 탕, 탕! 항복하라!"

1858년 베트남을 침공한 프랑스는 1884년에 베트남을 식민지로 만들었습니다. 프랑스 사람들은 지배 계급으로 행세하며 각종 음식을 즐겼는데 그중에는 쌀국수도 있었습니다.

"국수는 괜찮은데 고기가 없으니 허전하구먼."

베트남 북부에 살던 한 프랑스 귀족이 베트남 요리사에게 쌀국수에 쇠고기를 얹어 만들라고 요구했습니다. 요리사는 망설이다가 쇠고기를 넣은 쌀국수를 만들었습니다. 원래 베트남 사람들은 쇠고기를 먹지 않았습니다. 소는 벼농사를 짓는 데 반드시 필요한 가축이어서 함부로 잡아먹지 않았거든요. 고기를 먹고 싶을 때는 돼지고기나 닭고기를 즐겨 먹었습니다. 이러한 때 프랑스 귀족이 쇠고기를 넣으라고 하니 잠시나마 망설였던 것입니다.

그런데 요리사가 자신의 요리를 점검하기 위해 살짝 먹어 보니 맛이 아주 좋았습니다. 또한 요리사는 살을 발라낸 뼈를 버리지 않고 국물을 우려내는 데 썼습니다. 베트남 요리사는 쌀국수에 향신료를 더해 독특한 맛과 향을 냈습니다.

"국물이 뜨겁네."

프랑스 귀족은 쌀국수를 '불처럼 뜨거운 그릇'이라는 뜻에서 '포토푀(pot au feu)'라고 불렀습니다. 이후 프랑스 귀족 사이에서 포토푀는 뜨거운 별미 수프로 여겨졌고, 북부 베트남 사람들은 그런 쌀국수를 간단히 '포(pho)'라고 부르며 주식으로 먹었습니다. '포'는 '쌀'이라는 뜻의 베트남어입니다.

20세기 중엽 프랑스 사람들이 물러간 뒤 베트남은 남북으로 갈라졌습니다. 북부를 지배한 공산 세력이 모든 식당을 국영화하자, 식당 주인들은 탄압을 피해 남쪽으로 내려가서 새로 음식점을 차렸습니다. 이 바람에 북부 지역의 명물 음식이던 쌀국수가 베트남 남쪽에도 널리 퍼졌습니다.

"드디어 통일이다!"

1975년 공산 세력이 베트남을 완전히 장악했습니다. 이때 수많은 베트남 사람이 탈출해서 외국으로 갔으며, 현지에서 생활비를 벌고자 식당을 차렸습니다. 그로 인해 쌀국수는 세계적인 음식으로 유명해졌습니다.

오늘날 쌀국수는 재료에 따라 명칭을 세분해서 부르고 있습니다. 예를 들어 쌀국수에 쇠고기를 얹으면 '포보(pho bo)', 닭고기를 얹으면 '포가(pho ga)'라고 말합니다. 이 밖에도 베트남 쌀국수는 만드는 사람에 따라 다양한 맛과 모양을 냅니다. 요즘에는 영양소가 풍부하고 칼로리는 적어 건강 음식으로도 사랑받고 있습니다.

별미 쌀국수 카놈찐 남야, 새우 수프 똠얌꿍

"오늘은 카놈찐 남야를 먹을 수 있겠네."

태국(타이)에서는 명절이나 혼례, 집들이처럼 기쁜 일 있는 날에 특별한 음식을 푸짐하게 차려 먹는 관습이 있습니다. 평소에 맛보기 힘든 음식을 통해 기쁨을 한층 더 크게 느끼기 위함이지요. 이날 빼놓을 수 없는 음식이 있으니 바로 카놈찐 남야입니다. 카놈찐 남야는 쌀로 만든 길고 흰 어탕(생선을 넣어 끓인 국) 쌀국수입니다.

"쌀국수에 삶아 부순 쁠라천(가물치) 살, 채소, 각종 향신료를 넣고 여기에 코코넛 밀크를 부어 먹는 음식이라오."

태국인들이 하얗고 가느다란 어탕 쌀국수를 먹는 데에는 이유가 있습니다. 태국에서 하얀색은 맑고 밝음을 상징하고, 기다란 길이는 장수를 상징합니다. 또한 가물치는 태국인들이 무척 좋아하는 물고기입니다. 다시 말해 태국인들은 카놈찐 남야를 먹으며 기분이 밝아지는 좋은 일이 많아지고 오래 살기를 바라는 것입니다. 태국인들은 카놈찐 남야를 특별한 상징 음식으로 생각해서 평소에는 잘 먹지 않습니다.

"그 밖에는 뭐든지 자유롭게 먹는다오."

그러나 쌀국수와 밀국수가 워낙 다양하게 많으므로 그 밖의 음식은 수시로 즐겨 먹습니다. '카놈찐'은 그 대표적인 음식입니다. 우리말로 표현하면 '태국식 국수 말이'로서, 태국인들은 거리 음식점에서 카놈찐을 취향대로 조리해 먹습니다. 무슨 말인가 하면, 삶은 국수에 매운 국물이나 고기 국물, 싱거운 국물 중 하나를 골라 부은 다음 탁자에 놓여 있는 여러 채소 중에서 마음에 드는 것을 골라 고명으로 얹어 먹습니다. 채소는 공짜이지만 달걀은 따로 돈을 내야 합니다.

 "시 푸드(Sea Food) 하면 태국이지요."

 태국은 각종 해산물에 향신료를 넣어 만든 해산물 요리, 이른바 시 푸드의 나라이기도 합니다. 시 푸드는 그 종류가 다양하며 특히 왕새우를 재료로 조리한 '톰얌쿵(Tom Yam Kung)'은 세계적으로 유명한 수프입니다. 어떤 이는 세계 3대 수프 중 하나라고 손꼽기도 합니다.

 톰얌쿵의 '톰얌'은 새우·물고기·닭고기 등에 각종 향신료를 넣고 오랜 시간 걸쭉하게 끓인 수프를 가리키는 말입니다. 톰얌쿵(새우 수프), 톰얌푸(흰 살 생선 수프), 톰얌카이(닭 수프) 등에서 짐작할 수 있듯 주요 재료에 따라 이름을 세분합니다. 톰얌쿵에서 '톰'은 태국어로 '끓이다', '얌'

은 '새콤한 맛', '쿵'은 '새우'를 의미합니다. 새우를 새콤한 맛이 나게끔 끓였다는 뜻이지요.

"새콤하고 달짝지근하며 맵고 짜네!"

톰얌쿵은 새우에 코코넛 밀크·젓갈·마늘·생강·칠리·박하·라임 등등 여러 향신료와 소스를 넣고 끓여 만든 음식이기에 복합적인 맛이 나고 향기가 강합니다. 또한 팍치를 넣어 아주 독특한 맛을 냅니다.

톰얌쿵은 외국인이 좋아하는 대표적인 태국 음식이지만 팍치 때문에 맛보길 꺼리는 사람도 있습니다. 팍치는 향이 강한 한해살이풀로 우리나라에서는 '향채' 또는 '고수'라고 부릅니다. 맵고 쓴맛이 나는데 어떤 이는 '비눗물 향이 난다.'라고도 표현합니다. 처음 먹는 사람 중에는 역겨움을 느끼는 경우도 있으나 점차 익숙해지면 '팍치를 빼면 맛없다.'라고 말하곤 합니다.

한편 태국에서 식사할 때는 지켜야 할 예절이 있습니다. 음식을 천천히 먹되 쩝쩝 소리를 내지 말아야 합니다. 음식을 씹을 때는 입술을 오므리고, 음식물을 입안에 넣은 채 말하지 말아야 합니다. 또 국물은 들이마시지 말고 숟가락으로 떠서 먹어야 합니다.

장조림도 아니고 불고기도 아닌 아도보

11 필리핀

"필리핀에서 맛본 가장 맛있는 음식은 무엇인가요?"

"아도보입니다."

많은 외국인을 대상으로 조사하면 가장 많이 나오는 대답 아도보(adobo). 어떤 음식일까요?

필리핀은 더운 지역이라서 예부터 음식을 상하지 않게 만들어 보존해서 먹었습니다. 재료를 소금과 식초로 졸인 방법이 그것입니다. 소금은 음식이 썩는 것을 막고, 식초는 박테리아 성장을 억제하므로 비교적 오래 두고 먹을 수 있었습니다. 당시 지금과 같은 식초는 없었지만 신맛이 매우 강한 열매 깔라만시를 식초 대용으로 사용했습니다.

"쌀밥 반찬으로는 졸인 음식이 그만이야."

필리핀 사람들은 쌀밥을 먹을 때 졸인 반찬을 조금씩 먹으며 만족해했습니다.

그런데 16세기에 스페인(에스파냐)이 필리핀을 식민지로 삼으면서 음식에도 변화가 생겼습니다. 고기에 식초를 넣고 끓이는 스페인 요리 방식인 아도보가 필리핀에 전해지면서 필리핀 고유의 졸임 방식을 '아도보'라고 부르게 된 것입니다. 아도보는 스페인어로 '(양념에) 재우다'라는 뜻입니다. 스페인 사람들은 향신료 사용하는 요리법을 소개해 주었습니다.

"향신료를 넣으면 더욱 맛있게 되지."

이때부터 후추와 같은 향신료와 발효 소스를 같이 사용해 아도보를 만들었습니다. 닭고기, 돼지고기, 오징어 등을 식초, 후추, 마늘, 소금으로 양념한 다음 물을 붓고 불에 푹 졸이면서 익혔습니다. 이로써 현재와 같은 아도보가 탄생했습니다. 아도보를 우리나라 음식에 비유하자면 불고기보다는 더 졸이고, 장조림보다는 덜 짠 음식이라 말할 수 있습니다.

아도보는 주요 재료를 무엇으로 하느냐에 따라 세분해서 부릅니다. 닭을 넣으면 '치킨 아도보', 돼지고기를 넣으면 '포크 아도보', 쇠고기를 넣으면 '비프 아도보'라고 부르지요.

"먼 길 떠날 때 가지고 다니며 먹어도 되겠네."

필리핀 사람들은 여행을 가거나 사냥 갈 때 돼지고기나 닭고기로 아도보를 만들어 갖고 다녔습니다. 오늘날에는 야외로 놀러 갈 때 나들이 음식으로 준비해 가곤 합니다. 아도보 맛은 어떨까요?

"육즙이 풍부해서 고기가 부드럽고 약간 새콤 짭짜름하다오."

아도보는 고기와 양념을 버무려서 은근한 불에 오래 졸였기에 육즙이 그대로 남아 고기가 질기지 않습니다. 육즙이 없으면 고기가 퍽퍽한데, 육즙이 넉넉하므로 고기가 부드럽게 느껴지는 것이지요.

"물고기도 무척 좋아한다오."

섬나라인 필리핀 사람들은 쌀을 주식으로 하고 물고기를 주요 반찬으로 삼아 왔습니다. 다시 말해 쌀밥에 물고기 반찬이 기본 상차림입니다. 물고기는 물에 삶거나 불에 굽거나 기름에 튀기거나 해서 먹습니다. 스페인 식민지 시절 이전에는 주로 끓이거나 굽는 요리법이 보통이었습니다. 스페인 사람들이 들어오면서 조리할 때 간장과 젓갈(발효 소스)을 사용하고 음식을 기름에 튀기거나 볶아 먹기 시작했습니다.

"칠리, 토마토, 옥수수, 마늘, 양파도 스페인이 전해 주었다오."

한편 필리핀에서는 식사할 때 음식물이 입 밖으로 튀어나오지 않도록 주의해야 합니다. 바꿔 말해 음식물이 입에 있을 때 이야기하지 말아야 합니다. 또한 우리나라의 경우 트림은 결례로 여기지만 필리핀에서는 그렇지 않습니다.

"꺼억!"

필리핀 사람들은 식사 뒤의 트림을 좋게 생각해서 음식이 맛있었다는 인체 반응으로 여깁니다. 일반적으로 음식을 충분히 먹었을 때 위에서 미처 소화되지 못한 음식에서 생긴 가스가 입 밖으로 나온 게 트림이므로 그리 생각하는 것입니다.

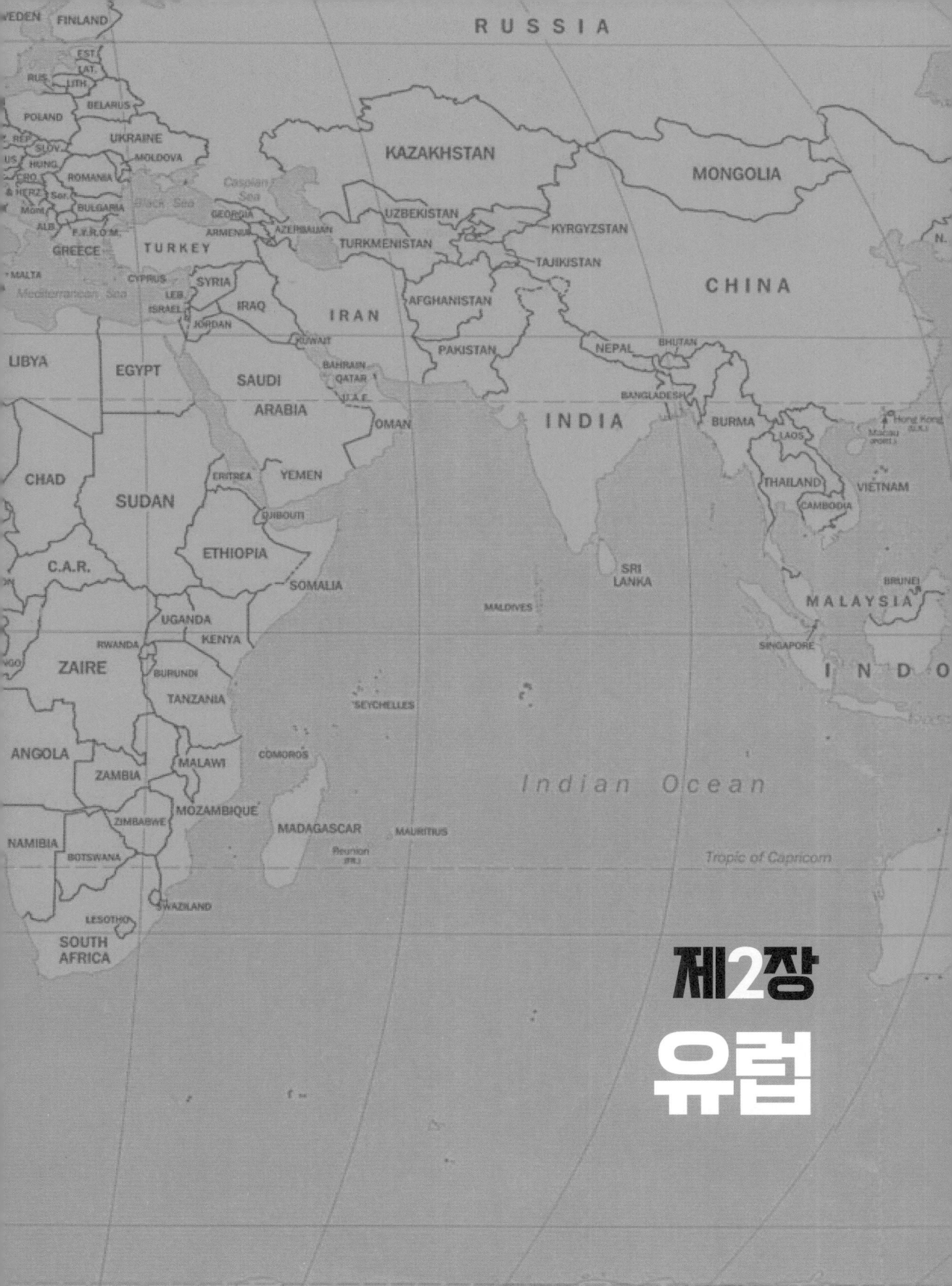

제2장
유럽

혁신적 요리로 등장한 피시 앤드 칩스

01 영국

'피시 앤드 칩스(fish and chips)'는 영국에서 가장 대중적이면서 서민적인 음식입니다. 우리말로 풀이하면 생선튀김과 감자튀김인데, 여기에는 다음과 같은 유래가 있습니다.

18세기에 들어서 영국 안팎에서 면직물을 찾는 사람들이 크게 늘었습니다. 사람이 일일이 옷을 만들어서 미처 주문을 따라가지 못했습니다. 제임스 와트가 증기 기관을 개량해 대량 생산의 길을 열었고, 여러 발명가가 직물을 빨리 짤 수 있는 기계를 잇달아 만들었습니다. 덕분에 면직물 공업이 활성화되면서 대규모 공장이 세워졌습니다.

"일거리를 찾아 도시로 가자!"

면직물 산업을 출발점으로 산업 혁명이 일어남에 따라 많은 사람이 도시로 가서 공장에서 일하기 시작했습니다. 영국 북부에 있는 랭커셔와 요크셔의 노동자들은 날마다 방직 기계를 돌리느라 바빴습니다. 한 예를 들면 랭커셔에서 생산·수출한 면직물이 1882~1884년에 세계 시장의 82%를 차지할 정도였습니다.

"빨리 공장으로 출근해야겠어. 할 일이 무척 많거든."

여성들이 공장에 다니면서 영국 가정의 식생활에도 변화가 생겼습니다. 일찍 출근해야 하는 까닭에 아침에 제대로 된 식사를 준비할 시간이 부족했던 것입니다. 한 음식점 주인이 그런 빈틈을 파고들었습니다.

"생선튀김 사세요. 생선 살이 촉촉합니다."

음식점 주인은 생선 껍질을 벗기고 뼈를 발라낸 다음 소금과 후추로 살짝 간한 밀가루 반죽을 묻혔습니다. 그러고는 튀김옷 입힌 생선을 큰 가마솥에서 튀겨내어 군감자와 함께 팔았습니다. 이전만 해도 영국에서 기름에 튀긴 음식을 찾기란 쉽지 않았으니, 생선튀김은 굉장히 혁신적인 음식이었습니다. 식사를 준비할 시간 없는 사람들은 그 생선튀김을 사서

밀가루 튀김옷을 벗겨내고 생선 살만 먹었습니다. 이때의 튀김옷은 생선 살을 촉촉하게 보존하기 위한 껍질이었던 것입니다. 감자는 영양을 생각해서 같이 곁들였던 것이고요.

"비린내는 좀 나지만 먹을 만하네."

생선튀김과 군감자가 인기를 끌자 음식점 주인들이 앞다퉈 팔았습니다. 도시 음식이던 생선튀김과 군감자는 영국 전역으로 퍼지며 대중적인 음식이 되었습니다. 육체노동에 시달리는 뱃사람들도 열량 높은 이 음식을 즐겨 먹었고, 직장에서 근무하는 사람들도 생선튀김과 군감자를 사 먹었습니다. 빨리 만들 수 있다는 점에서 패스트푸드(주문 즉시 나오는 식

품)인 데다 영양이 우수하기에 사람들의 호응을 얻은 것입니다.

"생선은 신선하고 감자는 비타민이 풍부합니다."

사람들은 건강을 생각해서 삶은 콩까지 곁들였고, 소스를 뿌려서 먹었습니다. 생선에 식초를 뿌려 냄새를 없애고 먹는 사람도 많아졌습니다. 19세기 중엽에 이르러서는 군감자가 감자튀김으로 바뀌었습니다. 그 무렵 프랑스에서 건너온 감자튀김을 사람들이 좋아하자 생선튀김의 동반자로 삼은 것입니다. '칩스(chips)'라고 부른 영국식 감자튀김은 손가락보다 조금 더 굵은 크기로 먹기에 편했습니다. '피시 앤드 칩스'라는 말은 이때 생겼습니다.

"튀김옷도 고소하고 맛있네."

또한 영국인들은 생선튀김을 통째로 먹기 시작했습니다. 바삭바삭한 맛이 괜찮았기 때문이지요. 튀김 기름은 처음에는 쇠기름을 사용하다가 나중에 식물성 식용유를 사용했습니다.

1860년대에는 대도시에 '피시 앤드 칩스' 전문점이 생겼고 이후 빠르게 가게가 늘었습니다. 피시 앤드 칩스는 술안주로도 인기를 끌었으며, 외국으로 나간 영국인들을 통해 영국의 대표적 음식이 되었습니다.

한편 피시 앤드 칩스는 제1차 세계 대전 때 영국인을 굶주림에서 벗어나게 해 준 주요한 음식이기도 했습니다. 간편하게 만들 수 있으므로 긴박한 상황에서 요긴하게 이용된 것이지요.

소시지의 대명사 프랑크 소시지

독일

"소시지는 역시 독일이야!"

소시지는 유럽 여러 나라에서 만들지만 흔히 '소시지' 하면 '독일'을 떠올립니다. 우리나라의 소시지 식품 회사들이 '독일식 소시지'를 강조할 정도이지요. 왜 그럴까요?

소시지 역사는 무척 오래되었습니다. 기원전부터 동서양 여러 지역에서 잡은 고기를 나중에 먹고자 소금에 절이거나 말려서 보관했는데, 이게

소시지의 시초입니다. 영어 sausage(소시지)의 어원은 '소금에 절이다'라는 뜻의 라틴어 'salsus(살수스)'인 데서 알 수 있듯, 소금에 절인 고기로부터 소시지 역사는 출발합니다.

"고기를 말려서 먹으니 맛이 색다르네!"

"고기를 잘게 갈아 창자에 넣어 말리면 어떨까?"

처음에는 고기에 소금만을 뿌려 말렸으나 이내 고기를 다져 창자나 위에 넣은 다음 그대로 말리거나 뜨거운 연기에 그을려 익히면서 말렸습니다. 창자에 넣은 고기는 잘라 먹기 편했기에 이 방법은 널리 퍼졌습니다. 고대 그리스 사람들은 소시지를 특별한 별미로 여겼으니 호메로스가 기원전 8세기에 지은 <오디세이>에 다음과 같은 내용이 있습니다.

'숯불 위에 고기와 피로 채워진 염소 위가 오늘 저녁을 위해 구워지고 있네. 용맹하게 싸워 적을 물리치고 돌아온 용사들만이 오늘 만찬에서 가장 잘 구워진 소시지를 선택할 수 있도다.'

이후 소시지 만드는 기술이 다양해졌고 지역에 따라 더 좋은 맛을 내고자 피나 간 또는 후추나 향료를 섞어 만들었습니다. 유럽 전역에서 사람들은 소시지를 유용하게 즐겨 먹었습니다. 냉장고가 없던 시절에 소시지는 아주 요긴한 식품이었던 것이지요.

중세 시대에 유럽에서 소시지는 필수 식품이 되었고, 독일인들도 소시지를 만들었는데, 독일어로는 '부어스트(Wurst)'라고 불렀습니다. 부어

스트는 '꼬다(vertere)'라는 뜻의 라틴어에서 유래된 말로, 창자에 고기를 넣은 뒤 꼬아 만들었음을 일러 주고 있습니다. 독일에서는 겨울철에 돼지나 소에게 줄 사료가 부족하기에 어느 정도 자라면 가축을 잡아서 저장하기 쉬운 소시지로 만들어 먹었습니다. 고기만 먹으면 영양이 불균형되므로 콩, 양배추, 오이를 소금에 절여 겨울철 채소 대용으로 먹었고요.

"두 가지 고기를 섞으면 맛이 더 좋지 않을까?"

오늘날 독일 소시지의 대명사로 통하는 프랑크 소시지는 17세기에 등장했습니다. 당시 프랑크푸르트(Frankfurt)에 살던 소시지 제조업자가 쇠고기와 돼지고기를 섞은 소시지를 만들어 팔았는데 반응이 아주 좋았습니다.

"돼지고기로만 된 소시지보다 부드럽고 맛있네요."

"최고예요!"

그 뒤 프랑크푸르트에서 만든 독일 소시지는 미국으로도 전해졌는데, 미국인들은 프랑크푸르트 소시지를 줄여서 간단히 '프랑크(Franks)'라고 불렀습니다. 이 말이 일본과 우리나라에도 그대로 전해져서 프랑크 소시지는 독일의 대표적인 소시지로 여겨지게 됐습니다.

독일 소시지는 그 종류가 1000가지가 넘을 정도로 독일인들은 소시지를 무척 즐겨 먹고 있습니다. 독일인들이 좋아하는 맥주와 소시지가 찰떡궁합이기 때문이지요.

"맥주 한 잔 마시고 소시지 하나 먹어 봐요. 입맛이 확 당길 겁니다."

 독일의 수많은 소시지 중에서 손가락 굵기만큼 가는 뉘른베르크 소시지, 물에 삶아 먹는 복(Bock) 소시지, 그릴에 구워 먹는 크라카우어 소시지는 세계적으로 유명합니다. 특히 뉘른베르크(Nürnberg) 도시에 어원을 둔 뉘른베르크 소시지는 다른 소시지보다 길이가 짧고 색깔이 연하지만 맛있어서 값은 더 비쌉니다. 이렇듯 각 지역의 특색을 살린 맛있는 소시지가 많기에 오늘날 독일인들은 점심이나 저녁에 간단히 소시지와 빵, 맥주를 함께 먹는 경우가 많습니다.

달팽이를 버터로 볶은 요리 에스카르고

프랑스 부르고뉴 지방에 포도나무를 처음 심은 사람은 고대 로마 사람들이었습니다. 로마 사람들은 질 좋은 포도주를 얻기 위해 햇볕 잘 들고 물 잘 통하는 곳에 포도나무를 심고자 했습니다. 언덕이 많은 부르고뉴는 바로 그런 땅이어서 로마 사람들은 포도나무밭을 일궜습니다.

"포도나무 뿌리가 땅속 깊이 들어가는 땅이네."

그랬습니다. 석회질과 작은 암석 부스러기로 이뤄진 땅은 그 어느 곳보다 포도나무를 재배하기에 적합했으니까요. 부르고뉴에서 생산된 포도주는 품질 좋기로 유명했으며, 그 명성은 중세 시대에도 이어져서 수도사들이나 농민들이 포도나무밭을 가꾸며 포도주를 만들었습니다.

"달팽이가 왜 이렇게 많지?"

그런데 포도나무를 키우는 데 한 가지 문제가 있었습니다. 달팽이가 포도나무 잎을 자꾸 갉아 먹은 것입니다. 달팽이는 딱딱한 껍데기를 만들기 위해 땅속 석회질층에서 사는데, 부르고뉴의 땅속에는 석회질이 많았습니다. 물론 부르고뉴 지역이 아니라 하더라도 포도나무밭이 있는 곳은 달팽이가 많았습니다.

"달팽이를 잡아먹어 없애시오!"

15세기경 프랑스의 대법관은 위와 같이 권장했습니다. 당시 가난한 사람들이 먹을 게 없어 굶어 죽는 일을 막을 겸 포도나무의 해충과도 같은 달팽이를 없앨 겸 식용을 권한 것이었습니다.

"어떻게 먹어야 맛있을까?"

하여 달팽이 먹는 방법을 연구했고 이 과정에서 유명한 달팽이 요리가 탄생했습니다. 고대 로마 시대에 달팽이 요리를 별미로 즐겼던 점을 참조하여 먹기 좋은 에스카르고(escargot)를 만들었습니다. 에스카르고는 프

랑스어로 '달팽이, 나사'를 뜻하는 말입니다.

"달팽이가 배 속 이물질을 토해내게끔 소금과 식초를 섞은 물에 하루 동안 담가 놓으세요. 달팽이를 끓는 물에 살짝 데친 뒤 살만 빼내세요. 달팽이 살을 백포도주, 양파, 향초 등을 넣은 물에 넣고 두 시간 정도 끓이세요. 익힌 달팽이를 버터로 살짝 볶으세요. 달팽이 껍데기에 버터를 약간 넣은 다음 달팽이 살을 다시 채워 넣으세요. 그리고 식탁에서 맛있게 드세요."

에스카르고 요리법은 대략 위와 같습니다. 달팽이 살은 다른 육류보다 지방질이 적으므로 버터를 충분히 사용하여 열량을 높이도록 한 것입니

다. 지금도 달팽이를 요리할 때는 반드시 버터를 넣습니다.

에스카르고는 처음엔 형편 어려운 사람들을 위한 구제 음식으로 등장했으나 이내 프랑스의 독특한 별미가 되었습니다. 겉모습과 크기는 우리나라의 골뱅이와 비슷하지만 질감은 더욱 부드러운 데다 부르고뉴 포도주와 같이 먹으면 무척 맛있기 때문입니다.

"포도주 유명한 지역에 사는 달팽이가 특히 맛있다오."

오늘날 프랑스 식당에 가서 에스카르고를 시키면 한 접시에 6~8개쯤 달팽이가 요리되어 나옵니다. 버터에 볶고 버터를 묻혀 나오므로 버터를 잘 먹지 않던 사람은 느끼함에 포크를 내려놓을 수도 있지만, 대부분의 프랑스 사람은 아주 맛나다는 표정으로 즐깁니다.

"그래, 바로 이 맛이야!"

에스카르고는 뜨거울 때 먹어야 제맛을 느낄 수 있습니다. 왼손으로 전용 집게를 들어 달팽이 껍데기를 고정한 뒤 오른손에 쥔 전용 포크로 빼어 먹으면 됩니다. 남은 버터 소스는 빵으로 찍어 먹습니다.

"달팽이의 끈끈한 점액질은 상처 회복이나 피부 관리에 좋다오."

프랑스 사람들은 달팽이 살만 빼내서 스튜(서양식 수프 찌개)로 만들어 먹기도 하는 등 스무여 종류로 조리해 먹습니다. 그만큼 달팽이 요리를 좋아합니다. 현재 에스카르고는 프랑스 요리에 쓰는 식용 달팽이이자 식용 달팽이를 조리한 음식 이름으로 통하고 있습니다.

 녹인 치즈에 빵을 찍어 먹는 퐁뒤

"또 눈이 내리네. 당분간 집에만 있어야겠군."

알프스산맥을 중심으로 뻗어 내린 산골에 살았던 스위스 사람들은 겨울이 되면 집에서 지내야 하는 경우가 많았습니다. 눈이 자주 내리고 매서운 추위로 길이 얼어붙기에 돌아다니기 힘들었기 때문이지요. 특히 겨울은 그런 날이 계속되므로 집에 보관해 둔 식량은 점차 줄어들어 나중에

는 치즈, 빵, 포도주만 남기 일쑤였습니다. 그나마 빵은 딱딱해져서 먹기 불편했습니다.

"날마다 같은 걸 먹으니 입맛이 없어요."

"맛있게 먹을 방법이 없을까요?"

"음, 치즈를 녹여서 빵을 찍어 먹어 볼까?"

어느 날 기분을 전환할 겸 그릇에 치즈를 담고 불로 끓여 녹인 다음 딱딱해진 빵을 조각내어 찍어 먹었습니다. 그랬더니 의외로 맛이 괜찮았습니다. 마치 촉촉한 빵에 부드러운 치즈를 발라 먹는 느낌이 들었던 것이지요. 여기에 포도주 한잔을 곁들이니 더 좋았습니다. 하여 종종 그렇게 먹었고, 이런 식사 방법은 입소문을 통해 스위스 전역으로 퍼지며 점점 더 다양한 형태로 발전됐습니다.

"쇠꼬챙이에 빵 조각을 끼워서 찍어 먹어 봅시다."

"고기도 치즈에 찍어 먹으면 맛있을 것 같아요."

"말린 과일도 치즈에 찍으면 별미가 될 것 같아요."

이 음식은 '퐁뒤(fondue)'라고 불렸습니다. '녹이다'라는 뜻의 프랑스어 퐁드레(fondre)에서 착안한 명칭입니다. 18세기 말엽 프랑스의 유명한 미식가 브리야사바랭은 《미각(味覺)의 생리학》이란 책에서 '퐁뒤는 스위스에서 탄생했다.'라고 밝혔습니다.

퐁뒤는 18세기경 스위스 뇌샤텔(Neuchâtel) 지방에서 시작된 걸로 알려졌는데, 뇌샤텔 치즈는 지방률 50퍼센트인 크림을 섞어서 만들기에 녹이면 부드럽고 빵에 찍어 먹기에 적당했습니다. 치즈를 오래 보존하고 부드럽게 하고자 만든 것이 뜻밖에 녹여서 뭔가 먹기에 적합한 역할을 했던 것이지요. 현재는 에멘탈 치즈와 그뤼에르 치즈를 섞어 사용하고 있습니다.

'치즈 퐁뒤'를 '퐁뒤 뇌샤텔루아즈(Fondue Neuchateloise)'라고도 말하는데, 뇌샤텔에서 처음으로 만들어졌기 때문에 그렇게 부릅니다.

오늘날 퐁뒤는 꼬챙이에 음식물을 꿴 다음 불에 녹인 소스(치즈나 초콜릿)에 찍어 먹는 모든 요리를 가리킵니다. 어려운 시기를 지혜롭게 넘기고자 재활용해서 먹은 음식이 지금은 스위스를 대표하는 음식이 된 것입니다. 서양 음식으로는 드물게 식탁에 불을 피워 놓고 직접 조리해 먹기에 아주 인상적이지요.

퐁뒤에는 부드러운 빵이 아니라 바게트처럼 딱딱한 빵을 사용합니다. 스위스에서는 일반적으로 호밀빵으로 퐁뒤를 만들어 먹습니다. 치즈는 도자기 항아리에 넣어 녹입니다. 도자기는 한번 달궈지면 뜨거운 온도가 오래 지속되므로, 빨리 차가워지는 금속보다 퐁뒤에 적합하거든요.

"스위스에서는 도자기 항아리를 카클롱(caquelon)이라고 부른다오."

퐁뒤를 만드는 방법은 비교적 간단합니다. 먼저 마늘로 카클롱 안을 문질러서 마늘 향이 배도록 합니다. 이어 치즈를 넣고 약한 불에 저어 가며 녹입니다. 치즈가 다 녹으면 버찌 술인 키르슈(Kirsch)나 백포도주를 조금 넣어 치즈 냄새를 약하게 만듭니다. 깍두기처럼 작게 썰어둔 딱딱한 빵을 포크로 찍어 치즈에 담갔다가 꺼내 먹으면 됩니다. 대개는 백포도주를 곁들여 마십니다. 물이나 맥주는 위장에서 치즈를 굳게 만들어 소화를 방해하므로 피합니다.

퐁뒤는 그냥 먹기만 하는 음식이 아니라 여러 사람이 둘러앉아 대화를 나누며 즐기는 음식입니다. 때로는 간단한 놀이를 하면서 먹는 재미를 더하기도 하지요.

이탈리아의 명물, 파스타와 마르게리타 피자

오랜 옛날 중앙아시아 초원을 누비던 유목민들이 처음 만든 밀가루 음식 '국수'는 무역 상인을 통해 중국을 비롯한 여러 나라로 퍼져 나갔습니다. 11세기에는 이탈리아에도 전해졌습니다.

구멍 뚫린 원통 모양의 짧은 국수는 삶아 먹기에 편해서 사람들 관심을 끌었습니다. 나폴리 사람들은 밀가루 반죽을 납작하게 눌러서 길게 자른 식품을 '라가노(lagano)'라고 불렀습니다. 이로써 이탈리아에 파스타(pasta) 문화가 시작되었습니다. '파스타'는 밀가루 반죽과 물을 이용해서 만드는 이탈리아식 국수 또는 국수 요리를 가리키는 말입니다.

"나폴리는 소맥(밀)을 재배하기 좋은 기후라서 다행이야."

17세기에 압축기가 발명됨에 따라 파스타가 대량 생산되면서 값이 싸졌습니다. 서민들은 파스타를 사서 허브·버섯·해산물 등을 곁들여 먹었고, 18세기에 파스타는 이탈리아 전역으로 널리 퍼졌습니다. 19세기에는 파스타에 일대 혁명적인 변화가 생겼습니다.

"토마토소스를 넣어 먹어 보세요."

1830년대에 미국으로부터 토마토가 수입되면서 이른바 붉은 파스타가 등장한 것입니다. 토마토소스를 뿌려 먹으니 한결 맛있기에 파스타는 인기 음식으로 자리 잡았습니다.

오늘날 파스타 종류는 나비, 바퀴, 나사, 머리카락, 펜촉 등 모양이 수백 가지나 됩니다. 파스타는 크게 긴 파스타와 짧은 파스타로 나뉩니다. 가늘고 기다란 스파게티(spaghetti)는 긴 파스타의 대표 격이고, 속이 빈 원통형의 마카로니(macaroni)는 짧은 파스타에 속합니다. 스파게티는 '얇은 줄', 마카로니는 '반죽'이란 뜻에서 나온 말입니다.

파스타는 미국으로 이민 간 이탈리아 사람들에 의해 미국에도 전해졌습니다. 오늘날 이탈리아 사람들은 각 지역에서 특산물을 넣어 맛나게 먹

고 있습니다. 파스타에 대한 이탈리아 사람들의 자부심이 어떠한지는 다음과 같은 속담에서 잘 알 수 있습니다.

'이탈리아 사람들을 알고 싶으면 그들과 함께 식탁에서 파스타를 먹어라.'

한편 이탈리아의 또 다른 명물 요리 '피자(pizza)'는 일찍이 나폴리에서 만들어 먹은 모레툼(moretum)에서 유래됐습니다. 모레툼은 화덕에서 구워낸 납작한 빵에 올리브와 식초에 담근 양파를 함께 먹는 요리를 가리키는 말입니다.

"다른 재료도 얹어 먹어 보자."

11세기 무렵 나폴리에서는 둥글고 납작한 빵에 여러 토핑을 얹어 먹었으며, 이때부터 명칭을 '피자'라고 했습니다. '얇고 납작한 빵'을 의미하는 그리스어 피타(pita)가 어원입니다. 피자는 세월 따라 조금씩 변하면서 현재와 같은 모습이 됐습니다. 이탈리아 피자는 대부분 한 가지 재료로 만들어진다는 특징이 있고, 19세기 말엽까지 가난한 사람들이 먹는 하찮은 음식이었습니다.

그런데 1889년 여름에 한 사건이 일어났습니다. 당시 이탈리아 왕 움베르토 1세와 왕비 마르게리타(Margherita)는 나폴리의 몬테 왕궁에서 함께 머물고 있었습니다. 왕비는 예술가들을 통해 들어 알고 있었던 피자에 호기심을 느꼈습니다. 그렇다고 왕비 체면에 피자 가게로 직접 갈 수는 없는 일이므로, 피자 요리사를 왕궁에 초대해 부탁했습니다.

"유명한 나폴리 피자를 하나 만들어 주면 고맙겠어요."

당시 피자 전문 요리점을 운영하던 돈 라파엘레 에스포지토는 정성스럽게 전통 피자를 하나 만들었고, 또 왕비를 위해서 이탈리아 국기(초록·하양·빨강의 삼색기)를 상징하는 의미로 바질(초록 향신료)·모차렐라(흰 빛깔 치즈)·토마토(빨간 채소)를 넣은 피자를 새로 만들어 바쳤습니다.

"피자가 참 독특하고 맛있네요."

왕비는 피자를 맛보고는 매우 기뻐했으며, 이후 왕비에게 바쳤던 종류의 피자를 '마르게리타 피자'라고 부르게 됐습니다.

대구를 소금에 절여서 말린 바칼라우

포르투갈 음식은 세계가 한곳에 모인 것과 비슷합니다. 아랍으로부터 튀김 기술과 뚜껑 있는 냄비 찜 기술을 배웠고, 동양에서 각종 향신료를 수입했으며, 터키로부터 단맛을 받아들였고, 브라질에서는 톡 쏘는 미각을 받아들였으니까요. 또한 15세기에 인도에서 가져온 카레와 계피를 후추만큼이나 중요한 향신료로 쓰고 있습니다. 따라서 포르투갈 요리는 매우 다양합니다.

"포르투갈만의 전통 음식도 있다오."

그렇지만 포르투갈 사람들이 즐겨 먹는 고유 음식이 있으니 바로 바칼라우(bacalhau)입니다. 우리말로 번역하면 '대구' 요리입니다. 그 유래는 대략 500년 전으로 거슬러 올라갑니다.

콜럼버스가 아메리카 대륙을 탐험하던 시절에 포르투갈 사람들은 아메리카 대륙 북쪽 바다에서 대구잡이를 했습니다. 그런데 대구를 잡아서 항구로 돌아오기까지 꽤 많은 시간이 걸렸습니다. 봄에 출항해서 가을에 돌아오곤 했거든요.

"힘들게 잡았는데 물고기가 상하면 어떡하지?"

　뱃사람들은 갑판 위에서 대구를 소금에 절인 다음 햇볕에 말렸습니다. 소금으로 물고기가 썩는 걸 막고, 수분을 없애서 박테리아가 생기지 않도록 한 것이지요. 이렇게 가져온 대구는 바람이 잘 통하는 응달에 보관해 두었다가 조금씩 꺼내 먹었습니다.

　"물에 불리니까 두 배로 커지네!"

　소금에 절여 말린 대구는 영양이 풍부한 데다 오랫동안 보관해서 먹을 수 있었기에 포르투갈 사람들이 즐겨 먹는 음식이 되었습니다.

　"바칼라우를 이용해서 1001가지 요리를 만들어 먹는다오."

　대표적인 대구 요리로는 삶은 감자와 양파, 달걀 등을 섞어 오븐에 구운 바칼라우 아 고메스 드 사, 숯불에 구운 뒤 감자, 양파와 곁들여 먹는 바칼라우 아사도 콩 바타타 아 무호가 유명합니다.

만드는 재미가 있는 별난 요리 파에야

07 스페인

"입맛도 없는데 우리 한번 별미를 만들어 보면 어떨까요?"

"그거 좋은 생각이오. 일단 파에야에 맛난 재료를 모두 넣어 봅시다."

옛날 스페인 발렌시아의 들에서 일하던 사람들이 수확을 하던 가을의 어느 날 새로운 요리를 만들어 먹었습니다. '파에야'는 바닥이 넓고 깊이는 얕은 프라이팬을 일컫는 말인데, 여기에 쌀·마늘·양파·토끼 고기·콩 등

과 약간의 물을 넣었습니다. 발렌시아는 바다를 끼고 있는 곳이라 새우·조개·홍합 같은 해산물도 넣었지요.

"자, 이제 서서히 볶아 봅시다."

사람들은 주변에서 나뭇가지를 가져와 불을 지피면서 재료들을 볶았습니다. 그리고 중간에 아사프란(Azafran)을 넣어 색깔을 예쁘게 만들었습니다. '아사프란'은 사프란 꽃의 꽃술을 따서 말린 천연 색소를 가리키는 말입니다. 이 색소를 넣으면 음식이 황금빛으로 물들어 먹음직스럽게 보이며 맛도 더 좋아집니다.

"와, 무척 맛있어 보이네요."

"모두 모이세요. 이제 맛나게 먹읍시다."

사람들은 철판에 볶은 해물 볶음밥(또는 해물 솥밥)을 아주 맛있게 먹었습니다. 철판에 달라붙은 눌은밥도 박박 긁으니 아주 별미였습니다. 스페인 사람들은 이 새로운 요리를 조리 기구에서 착안하여 '파에야'라고 불렀으며, 누룽지 같은 그 밥을 '소카라다'라고 불렀습니다.

파에야는 발렌시아에서 시작해서 스페인 전역으로 퍼지며 조금씩 다른 모습으로 변화되었습니다. 이때부터 돼지고기를 주로 넣으면 돼지고기 파에야, 닭고기를 많이 넣으면 닭고기 파에야, 해물을 많이 넣으면 해물 파에야라고 구분해서 말했습니다.

오늘날 파에야를 만드는 방법은 대략 다음과 같습니다.

양쪽에 손잡이가 달린 넓은 팬에 쌀과 아사프란을 넣은 뒤 각종 재료를 넣습니다. 먹고 싶은 재료를 모두 넣은 뒤에는 약한 불로 천천히 끓입니다. 뚜껑은 덮지 않습니다. 불을 너무 세게 하면 타 버리기 때문에 은근한 불로 재료가 천천히 익도록 하는 것이지요. 이렇게 하면 아래에 고소한 소카라다(일종의 누룽지)가 생깁니다.

"아니 서양인이 쌀밥을 먹어?"

위와 같이 의문을 품는 사람도 있을 테지만, 스페인 사람들은 유럽에서 가장 많이 쌀을 먹습니다. 그렇다면 왜 쌀을 먹게 됐을까요? 그 유래는 서기 9세기로 거슬러 올라갑니다. 당시 발렌시아에 살던 이슬람교도들은 호수의 물을 이용해 벼농사를 지었고, 물고기도 잡았습니다. 이슬람교도들은 벼를 수확할 때 넓은 팬에 쌀과 물고기를 끓여서 알라에게 바치면서 풍요로움을 기원했습니다.

"풍년이 들고, 물고기도 많이 잡게 해 주소서!"

그 뒤 이슬람교도들이 스페인에서 물러갔으나, 스페인 농부들이 일하다가 점심에 별미를 만들어 먹으면서 '파에야'라고 불렀습니다. 파에야에는 쌀은 물론 고기, 해물, 채소 등을 넣는데 쌀의 경우 우리처럼 물에 푹 익힌 밥을 짓는 게 아니라 약간 덜 익혀서 씹어 먹는 차이가 있습니다. 스페인 사람들에게 쌀은 채소 같은 식품이라 그렇습니다. 또한 파에야를 반찬으로 여겨서 빵과 함께 먹습니다.

파에야는 맛도 있지만 만드는 재미도 있습니다. 하여 스페인 사람들은 일요일 점심에 모두 함께 모여 파에야를 만들어 먹곤 합니다. 축제나 특별한 행사 같은 기분을 내기 위함이지요. 현재 스페인의 파에야는 그 종류가 수천 가지나 되고, 집집이 나름의 조리법을 갖고 있는 이유가 여기에 있습니다.

08 헝가리
매운 파프리카를 넣어 만드는 구야시

헝가리 사람들은 자기들을 일러 '마자르(Magyar)'라고 합니다. '마(ma)'는 '땅'이라는 뜻이고, '자르(gyar)'는 '사람'이라는 의미입니다. '땅의 사람'이라는 뜻이지요. 그렇지만 다른 나라에서는 영어식으로 부른 헝가리(Hungary)가 더 널리 알려져 있습니다.

"고기를 잘게 썰고 양파와 양념을 넣어 끓이세요."

헝가리 사람들의 선조인 마자르족은 서기 9세기경 가축을 몰고 길 떠

나기 전에 음식 준비로 바빴습니다. 유목민이었던 마자르족은 미리 음식을 만들어 가지고 다니다가 필요할 때 조금씩 먹기 위해서였지요. 하여 큰 통에 잘게 썬 고기를 넣고 양념이 졸아들 때까지 천천히 끓인 다음 그것을 햇볕에 말렸습니다. 간단히 말하자면 양념이 스민 토막고기를 만든 것이었지요.

"양의 위장으로 만든 자루에 집어넣으세요."

마자르족은 이동하면서 식사 시간에 그걸 꺼내서 냄비에 넣고 물을 부어 끓였습니다. 그러면 수프나 찌개가 되었는데, 이 음식이 오늘날 헝가리 사람들이 즐겨 먹는 구야시(gulyás)의 시초입니다. 구야(guya)는 '소떼, 목동'이라는 뜻이며, 소몰이꾼이 만들어 먹는 음식을 그렇게 부른 것입니다. 영어로는 '굴라시(goulash)'라고 부르고, 독일에서는 '굴라쉬'라고 발음합니다.

헝가리의 전통적인 스튜인 구야시는 고기와 파프리카를 주재료로 하여 만듭니다. 고기와 양파를 돼지기름에 튀긴 뒤 감자, 피망, 토마토, 마늘 등을 넣어 끓입니다. 고기는 쇠고기나 양고기를 쓰며, 얼큰하고 진한 맛이 우리나라 육개장과 비슷합니다.

구야시에는 반드시 파프리카를 넣는데, 헝가리 사람들은 파프리카를 16세기 무렵부터 사용했습니다. 중남미가 원산지인 파프리카는 15세기에 감자·옥수수와 함께 유럽에 전해졌으며, 당시 헝가리를 지배하던 터키 사람들에 의해 헝가리에도 전해졌습니다.

"이게 무엇인가요?"

"터키의 후추라오."

파프리카는 처음엔 '터키의 후추'라고 불리며 고위 관리 저택 정원에서 신기한 관상용 식물로 재배됐습니다. 하지만 점차 후추를 제치고 사용되더니 헝가리에서 빼놓을 수 없는 양념으로 자리 잡았습니다.

파프리카는 고추의 일종인데 그 종류는 20여 가지입니다. 헝가리 사람들은 가장 매운 버찌 파프리카를 썰어 구야시 만들 때 넣습니다. 헝가리 사람들은 음식 만들 때 마늘, 양파도 많이 사용합니다. 그래서 헝가리 음식은 한국인 입맛에도 잘 맞습니다.

"감자와 함께 버터에 튀긴 빵 조각을 곁들여 먹으면 맛있다오."

헝가리 사람들은 구야시 수프와 빵만 가지고 식사를 하곤 합니다. 그만큼 헝가리를 대표하는 음식이며, 이웃 나라인 독일, 오스트리아, 스위스에서도 구야시를 맛볼 수 있습니다.

구야시는 수프라기보다는 스튜에 가까운 음식으로, 현지에서는 육개장 같은 찌개를 '구야시 레베시(gulyás leves)'라고 말합니다. 우리나라의 한 식품 회사에서 만들어 파는 고기덮밥 소스는 구야시를 응용한 즉석식품입니다.

구야시에서 알 수 있듯, 헝가리 사람들은 수프나 스튜를 매우 좋아합니다. 특별한 날에는 매운 생선 수프(생선 매운탕)를 만들어 먹을 정도이니까요. 헐라슬레(halászlé)는 잉어에 칼집을 내서 매운 파프리카로 맛을 낸 매운 생선 수프로서, 흔히 '생선 구야시'라고 불립니다. 헝가리 수프는 대개 건더기 재료를 넉넉히 넣고 되직하게 끓입니다. 우리나라의 닭볶음탕이나 청국장과 비슷한 농도로 졸입니다. 그렇게 만든 수프에 빵을 찍어 먹는 게 가장 일반적인 헝가리 식사입니다.

익히지 않고 숙성시켜 먹는 청어 요리 하링

09 네덜란드

"육식을 하지 마세요!"

옛날 네덜란드에서는 사순절에 종교적 이유로 육식을 하지 않았습니다. 사순절은 그리스도교 교회에서 부활절을 준비하는 참회 기간으로, 부활 주일 전 40일 동안을 가리킵니다. 그런데 일부 사람들은 몹시 육식을 하고 싶어 했습니다. 고기 대신에 몰래 생선을 먹는 사람도 있었지요.

"생선과 알, 유제품은 먹어도 괜찮습니다."

1491년 생선류에 대한 금지령이 풀리자, 네덜란드 사람들은 육식 금지일에 생선을 많이 먹었습니다. 생선은 고기보다 값이 싸고 보존하기에도 좋았는데, 언제든 먹게 되면서 더 자주 즐긴 것입니다. 이때 청어를 맛있게 먹는 요리법이 개발됐습니다.

"청어의 내장과 뼈를 없애고 소금에 절여 숙성시키니 살이 무척 부드러워지네."

네덜란드 사람들은 숙성시킨 청어를 식초·설탕·소금에 잰 양파와 함께 먹었으며, 이 음식을 '하링(haring)'이라고 불렀습니다. 숙성시킨 청어는 비린내가 나지 않으며 입에 넣는 순간 사르르 녹았기에 별미로 사랑받은 것입니다.

"엄지와 검지로 꼬리를 잡고 하늘을 보며 몸통부터 삼켜 보세요. 맛이 끝내줍니다."

네덜란드 사람들은 위와 같은 방법으로 청어를 먹습니다. 또는 다진 양파를 청어 배의 갈라진 부분에 넣어 먹거나 식빵 사이에 넣어서 먹기도 합니다. 어떻게 먹든 간에 하링은 네덜란드 사람들이 즐겨 먹는 음식으로 오늘날에도 인기가 많습니다. 해마다 5월이 되면 슈퍼마켓 앞에 올해 새로 나온 청어를 다듬어 파는 간이 판매대가 설치되고, 노점상도 등장할 정도입니다.

제3장
아메리카

01 미국 소시지 빵 핫도그와 간편식 햄버거

"독일 소시지 아주 맛있습니다!"

19세기 중엽 독일에서 미국으로 건너간 사람들은 프랑크푸르트에서 만든 소시지를 별미로 선전하며 열심히 팔았습니다. 그런데 미국인들은 그 소시지를 보더니 '닥스훈트 소시지(Dachshund sausage)'라고 불렀습니다. 닥스훈트는 독일인이 오소리를 굴까지 쫓아가도록 개량한 개로, 허리가 길고 다리가 아주 짧았기에 그렇게 부른 것이지요.

"따끈한 닥스훈트 소시지 여기 있습니다!"

닥스훈트 소시지는 뉴욕의 야구 경기장에서 잘 팔렸습니다. 사람들이 경기를 보다 살짝 배고픔을 느낄 때쯤 몇몇 상인이 소시지를 뜨거운 물이 담긴 통에 데워서 관람석을 드나들며 팔았고, 사람들은 번(bun, 둥근 빵)에 끼워진 소시지를 즐겨 먹었습니다.

"그래, 바로 저거야!"

1906년의 어느 날 '태드 도건(Tad Dorgan)'이라는 신문 만화가가 야구장에 갔다가 소시지 파는 사람들을 보고 신문 만화에 대한 아이디어를 떠올렸습니다. 만화가는 이튿날 둥근 빵 사이에 닥스훈트 소시지가 아닌 닥스훈트 개를 그려 넣고는 'Get your hot dogs!(뜨거운 개를 드세요.)'라는 말을 덧붙여 썼습니다. 독자에게 웃음을 주고자 소시지 이름에서 착안하여 닥스훈트 개를 그린 것이며, 철자를 정확히 몰라 그냥 '개(dog)'라고 적은 것이었습니다.

"하하, 이 만화 재미있네."

닥스훈트 소시지 만화는 큰 화제를 낳았으며 '핫도그(hot dog)'라는 말은 유행어가 되면서 자연스레 소시지 넣은 빵을 가리키게 되었습니다. 오늘날 미국에서 핫도그라고 하면 소시지를 끼워 넣은 빵을 가리키는 이

유가 여기에 있습니다.

일설에는 처음엔 소시지만 팔다가 소시지 기름이 자꾸 손에 묻어 귀찮기에 빵 사이에 끼워 먹은 것이 변형되어 오늘의 '핫도그'가 됐다고도 합니다.

햄버거(hamburger)도 미국 음식으로 유명한데, 사실 햄버거는 독일 음식 문화의 산물입니다. 15세기경 독일 함부르크(Hamburg) 사람들은 잘게 저민 질 나쁜 쇠고기에 양념을 넣어 맛을 낸 '함부르크 스테이크'를 만들어 먹었습니다. 이것은 가난한 사람들의 기본 식사였습니다.

미국에서는 1904년 세인트루이스 박람회 때 독일 이민자들에 의해 함부르크 스테이크가 처음 등장했습니다. 이때 '햄버그스테이크'로 그 이름이 바뀌었고, 먹는 양식도 변했습니다. 상인들은 핫도그처럼 간단하게 먹을 수 있도록 빵 사이에 저민 고기를 넣어 샌드위치처럼 팔았습니다.

얼마 지나지 않아 '햄버그스테이크'는 간단히 '햄버거'로 불렸습니다. 햄버거는 함부르크 스테이크가 미국화한 요리로서, 접시 위에 올려놓고 칼로 썰어 먹는 양식이 격식 없이 먹는 간편식으로 바뀐 것입니다.

현재와 같은 형태의 햄버거는 20세기 중엽 나타났습니다. 당시 햄버거 가게는 손님들이 주문하면 그때부터 만들어 파는 형식이었습니다. 그런데 1948년 영화배우가 되는 데 실패한 모리스와 리처드 맥도널드 형제는 햄버거 가게를 차리면서 다른 생각을 했습니다.

"주문이 들어오자마자 즉시 햄버거를 내주면 어떨까?"

맥도널드 형제가 운영하는 햄버거 가게는 미리 만들어 놓은 햄버거를 손님들이 주문하면 즉석에서 내놓았습니다. 이런 판매 방식은 큰 인기를 끌었고, 시간을 돈으로 생각하는 미국인들은 햄버거를 실용적인 미국식 음식으로 생각했습니다.

"먹는 시간을 확 줄여 주어 좋네."

더구나 햄버거에 들어가는 재료는 패티(다진 고기) 말고도 치즈나 토마토 등을 자유롭게 더할 수 있기에, 판매자는 햄버거 종류도 마음대로 늘릴 수 있었습니다. 맥도널드 햄버거는 전국에 걸쳐 체인점 사업으로 확대됐고, 이후 유사한 방식의 경쟁 햄버거 업체도 여기저기 생겼습니다.

대중적인 음식 푸틴, 그리고 프렌치프라이

캐나다를 여행할 때 거리에서 쉽게 볼 수 있는 음식이 있습니다. 일반 음식점은 물론 트럭 분식점에서 파는 푸틴(poutine)입니다.

"푸틴이 뭐지?"

푸틴은 프렌치프라이(French fry)에 응고된 치즈와 그레이비소스(gravy sauce)를 얹어 놓은 음식을 이르는 말입니다. '프렌치프라이'는 성냥개비 모양으로 가늘게 썰어 만든 감자튀김이고, '그레이비소스'는 고기 국물에 후추, 소금, 캐러멜 따위를 넣어 맛을 낸 소스입니다.

푸틴은 본래 퀘벡(Quebec)에서 즐긴 별미였습니다. 캐나다 동부에 있는 퀘벡은 프랑스 이주민이 많고, 지금도 프랑스어를 공용어로 사용하는 프랑스 문화권입니다. 그러하기에 프랑스식 감자튀김에 치즈를 얹고 소스를 뿌려 먹는 음식이 자연스럽게 만들어졌습니다.

푸틴은 만드는 방법이 간단하고, 맛이 고소한 데다 간편하게 배고픔을 면할 수 있기에 20세기 중엽 퀘벡을 넘어 캐나다 전 지역으로 퍼졌습니다. 대부분 지역의 영화관, 패스트푸드점, 대형 마트 등에서도 팔 정도입니다.

한편 '프렌치프라이'라는 말은 오해에서 비롯됐습니다. 감자튀김을 유난히 좋아하는 벨기에 사람 중 일부가 캐나다와 미국에 이주해 감자튀김을 팔았는데 그들은 프랑스어를 사용했습니다. 벨기에는 독일어, 프랑스어, 네덜란드어를 공용어로 사용하는 나라인데, 프랑스어를 쓰는 사람들이 감자튀김을 판매한 것이었죠.

그런데 사람들이 그들을 프랑스 사람으로 오해해서 성냥개비 모양으로 튀긴 감자를 '프렌치프라이'라고 말하게 됐습니다. 정작 프랑스에서는 감자튀김을 '폼므 프리츠' 줄여서 '프리츠'라고 말합니다.

어쨌든 프랑스에서도 비슷한 모양으로 감자튀김을 만들어 먹으므로, 오늘날 프렌치프라이는 '프랑스식 감자튀김'이란 의미로 통용되고 있습니다.

원주민 생활 정서를 상징하는 음식 타코

멕시코 사람들은 타코(taco)를 주식으로 먹습니다. '타코'는 옥수숫가루로 만든 토르티야에 고기·채소·치즈 따위를 넣고 U자형으로 반 접어서 소스에 찍어 먹는 음식입니다. 스페인이 멕시코를 지배하기 이전의 어느 날 누군가가 토르티야에 선인장을 썰어 넣고 소금을 약간 쳐서 먹기 시작한 데서 비롯된 음식이지요.

"고기와 채소를 넣어 먹으니 맛도 좋고 영양 만점이야."

멕시코 사람들은 토르티야에 자기 입맛에 맞춰 이것저것을 넣어 먹기 시작했습니다. 일설에는 19세기에 아랍 사람들이 멕시코에 와서 토르티야에 닭고기·양고기 등과 양념한 요리를 쌈처럼 싸서 먹으면서 고기와 양념 재료를 속에 넣어 먹는 타코가 널리 퍼졌다고 합니다.

"멕시코 정신을 담은 타코를 먹읍시다!"

1911년에 혁명가 출신인 프란시스코 I. 마데로가 대통령이 되면서 타코는 멕시코 국민을 상징하는 음식으로 자리매김했습니다. 타코를 먹을 때 포크나 칼을 쓰지 않고 손으로만 먹는 것도 멕시코 고유의 맛을 느끼기 위한 관습입니다.

오늘날 타코는 길거리 노점상에서부터 고급 음식점에 이르기까지 멕시코 어디서든 만날 수 있습니다. 타코는 토르티야에 싸서 먹는 방법에 따라 수십 가지로 나뉘는데, 그중 대표적인 것은 '타코 알 파스토르'입니다. 각종 향신료와 양념으로 버무린 돼지고기를 통째로 쇠꼬챙이에 끼워 숯불에 구운 다음 조금씩 썰어서 토르티야에 싸 먹는 음식이지요.

타코는 대부분 살사(salsa)를 뿌려 매운맛이 납니다. '살사'는 스페인어로 '소스'라는 뜻입니다. 멕시코 사람들은 잘게 썬 토마토에 양파·고추·오레가노 따위 향신료를 넣고 살사를 만듭니다.

한편 타코를 먹을 때는 소스가 흘러내리지 않게끔 평평하게 잡고 입보다 조금 더 위로 들고 먹어야 합니다.

04 목동들이 먹은 숯불 쇠고기구이, 아사도
아르헨티나

"이렇게 넓은 땅이 있다니!"

16세기에 아르헨티나를 정복한 스페인 사람들은 넓디넓은 초원을 보고 감탄했습니다. 그도 그럴 것이 한반도의 세 배가 넘는 땅이 끝없이 펼쳐진 풀밭이었으니까요.

"여기에서 가축을 키우면 아주 좋겠네."

스페인 정복자들은 소, 양, 돼지 등을 유럽에서 가져와서 '팜파(pampa)'라고 이름 붙인 광활한 초원에 풀어 놓았습니다. 18세기에는 대단위 농장 제도를 시행하여 소들을 대량으로 키웠습니다. 가우초들은 팜파 농장에 고용되어 소들을 몰며 목동 생활을 하거나 야생화된 소를 잡아먹으며 자유롭게 살았습니다. '가우초(gaucho)'는 '아버지 없는 고아'를 뜻하는 원주민어 구아초(guacho)에서 유래한 말이며, 이들은 주로 백인과 원주민 사이에서 태어났습니다.

"오늘 고기 좀 먹어 볼까?"

가우초들은 가끔 별미를 즐겼습니다. 숯불에 구운 쇠고기구이가 그것입니다. 가우초들은 살점을 직접 불에 굽지 않고, 고기에 가죽과 털이 붙어 있는 채로 장작불에 은근하게 구웠습니다. 그렇게 오랜 시간 구우면 칼로 살살 건드리기만 해도 털을 쉽게 없앨 수 있었습니다. 그뿐만 아니라 간접적으로 익힌 쇠고기는 고기 육즙이 잘 보존되어 매우 부드러운 맛을 냈습니다. 고기에 소금만 뿌려도 입에서 살살 녹았지요.

"입에 넣자마자 눈 녹듯이 사라져 버리네."

"둘이 먹다 하나가 죽어도 모르겠어, 하하하!"

가우초들은 그런 쇠고기구이를 '아사도(asado)'라고 불렀습니다. 스페인 세고비아 지방에서 새끼 돼지를 통째로 빙빙 돌려 가며 숯불에 구워 먹는 요리를 그대로 빌린 음식 이름이었지요. 가우초들도 소 한 마리를 통째로 잡아서 구워 먹었거든요.

아르헨티나 사람들은 1810년 독립을 선언한 뒤 아사도를 국민적으로 즐겨 먹었습니다. '껍질째 구운 쇠고기'라는 뜻의 숯불 통고기구이 '아사도 콘 쿠에로'는 그 대표적인 요리로, 아르헨티나 전역에서 현재까지 인기를 끌고 있습니다. '아사도 콘 쿠에로'는 어린 송아지 한 마리를 털이 붙은 채 오랜 시간 구워 먹는 음식입니다.

"우리는 쇠고기 덩어리를 구워서 먹지."

도시나 가정에서는 그렇게 먹을 수 없으므로 간단한 방법으로 아사도를 만들어 먹습니다. 쇠고기에 소금을 뿌려 한두 시간에 걸쳐 천천히 숯불에 굽는 것이지요. 소의 여러 부위 중 갈비 부분을 으뜸으로 치기에 보통 '아사도'라 하면 숯불갈비구이를 의미합니다.

갈비는 튼실한 통갈비로서, 겉에서부터 서서히 익은 고기는 칼로 가볍게 썰 수 있을 정도로 연합니다. 아사도에는 토마토·상추·양파 등을 썰어 식물성 기름과 식초를 넣어 버무린 '엔살라다(ensalada)'를 곁들여 먹습니다. 신선한 쇠고기를 그대로 굽고 거기에 신선한 채소를 곁들여서 영양의 조화를 꾀하는 것입니다.

아사도는 일종의 바비큐이자 불고기입니다. 그런데 우리나라 불고기가 양념으로 맛을 낸다면 아르헨티나 아사도는 고기 자체의 깊은 맛에 중점을 둡니다. 따라서 아르헨티나의 아사도에는 별다른 양념을 하지 않습니다. 다만 소금과 레몬즙을 약간 뿌릴 뿐입니다. 그렇게 해도 쇠고기 육질이 워낙 좋아서 맛있습니다. 아르헨티나 사람들이 음식점에서뿐 아니라 주말이나 휴일에 가족 단위로 야외에서 아사도를 즐겨 먹는 이유가 여기에 있습니다.

순대국밥 또는 부대찌개와 비슷한 페이조아다

 16세기경 포르투갈 사람들은 브라질을 정복했는데, 당시 이 지역에는 붉은 염료를 채취할 수 있는 '브라질(brazil)'이라는 특이한 나무가 많았습니다. 이 나무는 워낙 인상적이어서 아예 나라 이름이 되었습니다.

 포르투갈은 브라질에 사탕수수밭을 일구면서 노동력이 부족하자 아프리카에서 흑인들을 붙잡아 와 농장 노예로 부렸습니다. 흑인 노예들은

배고픔에 굶주리며 일하다 쓰러지기 일쑤였습니다. 흑인 노예들은 백인 농장 주인이 버린 음식 찌꺼기를 보며 생각했습니다.

"저거라도 먹어야겠어."

음식 찌꺼기라고는 하지만 실제는 충분히 먹을 만한 것들이었습니다. 백인들이 돼지의 살코기만 발라 먹고 버린 귀, 꼬리, 족발, 내장 등이었으니까요. 다시 말해 농장 주인은 돼지를 잡아 맛있고 좋은 부위만 골라 먹고, 나머지 부분은 하찮게 여기면서 버렸던 것입니다. 흑인 노예들은 그걸 주워서 검은콩과 함께 통에 넣고 푹 끓였습니다.

"국물이 걸쭉하지만 먹을 만하네."

완성된 음식은 우리나라의 순대국밥(또는 부대찌개)과 비슷했고, 영양도 풍부했습니다. 흑인들은 주요 재료인 검은콩 이름에서 따와 그 요리를 '페이조아다(Feijoada)'라고 불렀습니다. 흑인들은 19세기 말에 노예 신분에서 벗어났으나 그들이 노예 시절 먹었던 페이조아다를 계속 별미로 즐겼습니다. 다만 이번에는 고기나 소시지 등도 같이 넣어 더 맛있게 만들어 먹었지요.

오늘날 페이조아다는 브라질 어디서나 맛볼 수 있는 대표 음식으로 유명합니다. 브라질 사람들은 대개 점심으로 즐겨 먹습니다만 이제는 천한 음식이 아닙니다. 고급 음식점에서는 매우 비싼 요리로 제공될 만큼 맛도, 영양도 뛰어난 요리로 변한 것입니다.

06 콜롬비아
간식 엠파나다, 주식 아레파

"엠파나다 먹을까요?"

"좋지요. 바삭하고 맛있는 엠파나다!"

엠파나다(empanada)는 콜롬비아를 비롯해 중남미 사람들이 즐겨 먹는 음식이에요. 물론 나라마다 약간씩 차이는 있습니다. 엠파나다는 우리나라의 군만두와 비슷한데, 그 속에 들어가는 재료는 매우 다양합니다. 어떤 것은 고기와 채소, 어떤 것은 치즈와 햄, 어떤 것은 과일 등등 여러 가지라서 음식점에서 사 먹을 경우 골라 먹는 재미까지 있지요. 속이 알차서 몇 개만 먹어도 든든하며, 값도 싸서 누구나 부담 없이 사 먹고 있습니다.

엠파나다를 만드는 방법은 다음과 같습니다. 먼저 밀가루 반죽을 얇게 편 다음 그 안에 고기·치즈·햄·과일·채소 따위 재료를 듬뿍 채워 넣고 반죽을 덮습니다. 그런 뒤 기름에 튀기면 완성이지요.

콜롬비아 사람들은 엠파나다에 마요네즈

를 비롯해 머스터드, 꿀, 갈릭, 치즈 등등 갖가지 소스를 뿌려 먹습니다. 대중적인 간식이라서 도시에는 엠파나다만 전문적으로 파는 가게가 많습니다.

엠파나다가 대표적인 콜롬비아의 간식이라면 주식은 뭘까요? 그건 바로 아레파(arepa)입니다. 옥수숫가루를 얇고 둥글게 반죽하여 구워 만든 일종의 옥수수빵인 아레파는 우리나라에 비유하자면 맨쌀밥과 같습니다. 아레파만 먹으면 별다른 맛이 없다는 뜻이지요. 그래서 콜롬비아 사람들은 아레파에 치즈나 햄 등을 넣어 먹습니다. 치즈를 넣어 만든 '아레파 콘 케소'는 부드럽고 고소하고, 초콜릿을 넣은 '아레파 콘 초콜로'는 달콤하며, 달걀을 넣은 '아레파 콘 우에보'는 영양 만점의 음식이지요.

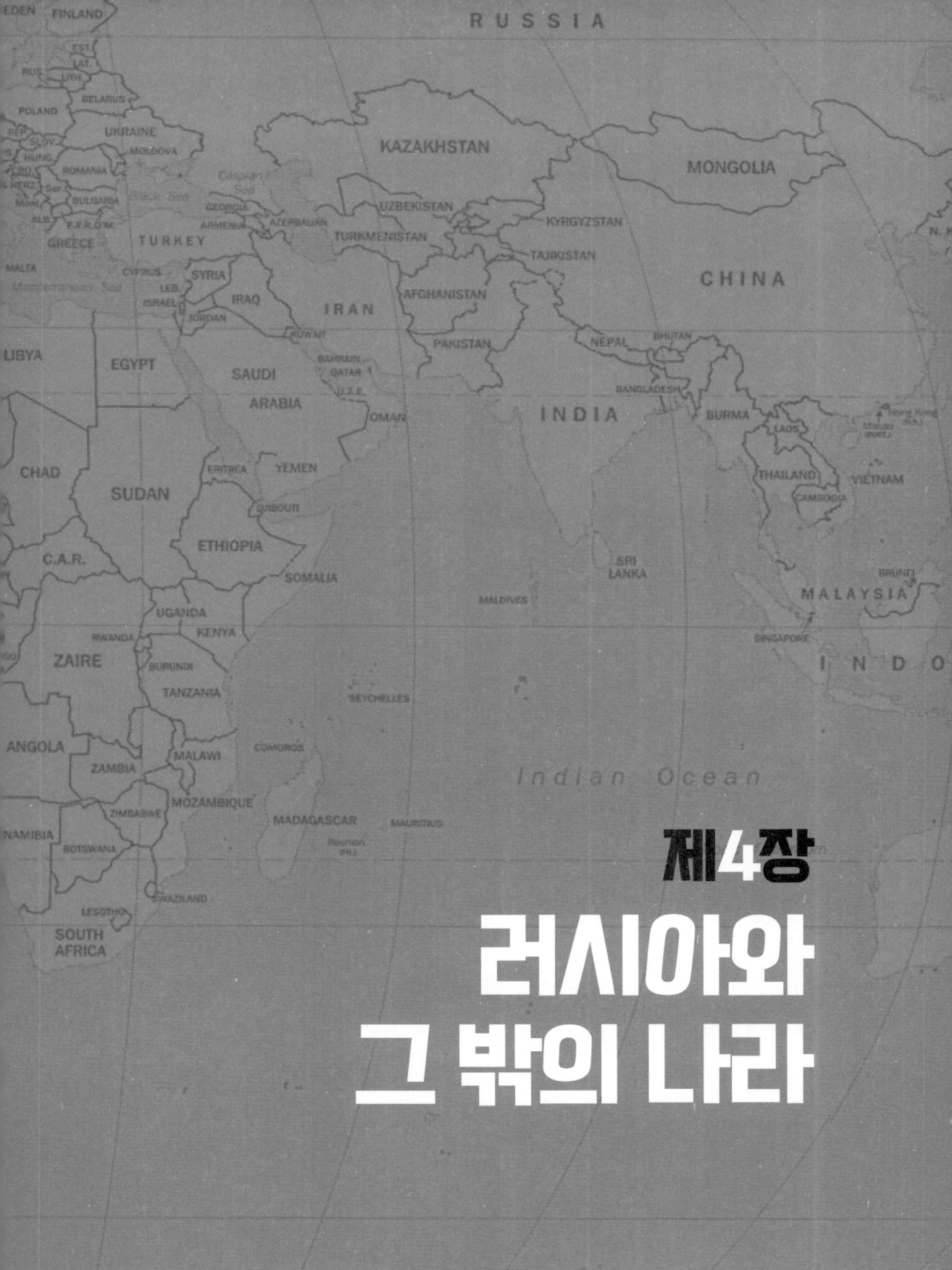

검은 진주로 불리는 철갑상어 알젓 캐비아

러시아

"남은 알은 소금에 절여 먹어야겠어."

옛날 러시아 남쪽 카스피해 부근에 살던 어부들은 철갑상어를 잡아 귀족에게 생선 살만 바치고 자신들은 검은빛을 띤 알을 먹었습니다. 살코기를 먹고 싶었지만 어쩔 수 없는 일이었지요. 소금에 절인 알은 조금 비리

고 짰지만 호밀빵과 함께 먹으니 그런대로 괜찮았습니다. 그나마 그 양이 많지 않았기에 가끔 먹었습니다.

그런데 어느 순간 철갑상어 알은 귀족의 별미로 그 운명이 바뀌었습니다. 우연히 철갑상어 알젓을 먹어 본 귀족이 색다른 맛에 반해서 전부 자신에게 바치도록 했기 때문입니다. 고기 위주로 식사하다가 빵에 얹은 알젓을 먹으니 아주 새로웠던 것이지요. 여기에 러시아 전통술인 보드카 한잔을 곁들이면 기분이 더 좋아졌습니다. 이때부터 철갑상어 알젓은 '캐비아(caviar)'로 불리며 호사스러운 귀족 음식이 되었습니다. 영어 '캐비아'는 페르시아어 카크아바에서 유래한 말로 '알'이란 뜻입니다.

"아주 귀한 음식이오니 드셔 보십시오."

러시아 귀족은 황제에게 캐비아를 바쳤고, 러시아 황실은 캐비아를 흡족한 마음으로 즐겼습니다. 황실 요리사는 짭짤한 빵에 새콤한 크림을 얹고 그 위에 캐비아를 흩뿌려 상에 올려서 황제 입맛을 만족시켰습니다. 황제는 구하기 힘든 진귀한 음식을 맛본다는 생각에 권력자의 행복을 한껏 누렸지요. 러시아 황제는 캐비아를 황실에 바치도록 조치했으며, 가끔 이웃 나라 왕에게 선물로 주었습니다.

"러시아 특산물인데 맛 좀 보시지요. 우정의 선물입니다."

철갑상어는 다른 곳에서도 잡히지만 육지 속의 바다인 카스피해에서 잡힌 철갑상어 알이 가장 맛이 뛰어났습니다. 다시 말해 철갑상어 알젓

자체가 귀한 데다 다른 나라에서는 더더욱 맛보기 힘든 음식이었기에 한 번 맛본 왕족들은 감탄하며 좋아했습니다.

"이 별미가 철갑상어의 알로 만든 음식이라고?"

철갑상어를 가리켜 12세기 영국 왕 헨리 1세는 '황실 물고기'라 불렀고, 16세기 영국 작가 셰익스피어는 '보통 사람에 캐비아(분수에 맞지 않음)'란 표현으로 보통 사람에게는 어울리지 않는 음식임을 강조했습니다.

그런가 하면 17세기 프랑스 왕 루이 13세는 아예 카스피해에서 전용 마차로 캐비아를 실어오도록 했습니다. 카스피해는 여러 나라에 둘러싸인 바다이므로 가능한 일이었지요. 만약 누군가 캐비아를 중간에서 빼돌리면 적발 즉시 사형으로 다스렸습니다.

"단 한 알도 소홀히 하지 말라!"

프랑스 왕실 요리사는 캐비아를 다양한 방법으로 요리해서 그 가치를 더욱 끌어올렸습니다. 몇 가지 예를 들면, 곱게 체에 내려서 구운 달걀노른자찜에 캐비아를 얹거나 한입 크기의 촉촉한 과자에 캐비아를 조금 올려놓거나 철갑상어 살점 위에 캐비아를 장식해서 상에 올렸습니다. 주로 식사 전 입맛을 돋우는 가벼운 음식으로 차려졌고 그 반응이 좋았습니다. 쓴맛이 없고 적당히 짭짤해서 담백한 재료와 같이 먹으면 잘 어울리거든요. 덕분에 캐비아는 세계에서 가장 진귀한 음식으로 여겨지기에 이르렀습니다.

오늘날에는 황제가 아니라 경제적으로 여유 있는 사람들이 캐비아를 즐기고 있습니다. 철갑상어의 수는 적고 찾는 사람은 많아서 값이 비싸기 때문입니다. 하여 다른 생선알을 검게 물들인 가짜 캐비아가 종종 거래되어 사람들 눈살을 찌푸리게 만들기도 합니다. 그런 점에서 캐비아는 귀하다고 하니 더 달려드는 인간의 욕망이 낳은 진귀한 요리라고 해도 과언이 아닙니다.

한편 캐비아를 먹을 때는 순록 뿔로 만든 숟가락을 사용합니다. 금속 숟가락을 쓰면 캐비아가 산화되기 때문입니다.

'구이'라는 뜻의 고기 요리 케밥

터키

"고기를 어디에 구울까요?"

"움푹 팬 돌을 찾아봐요."

옛날 유목 생활을 하던 터키 사람들은 야영지에서 고기를 구워 먹었습니다. 이때 움푹 팬 돌 위에 통고기를 걸어 놓고 아래에서 모닥불을 지펴 은근하게 익혔습니다. 적당한 시간 간격으로 고기를 돌려 가며 구우면 고

기 맛이 좋아졌기 때문이지요. 때로는 고기를 얇게 썬 다음 긴 꼬치에 겹겹이 꿰어서 숯불에 돌리면서 구워 먹었습니다. 이렇게 구운 고기 요리를 '케밥(kebab)'이라고 불렀습니다. 터키어로 '구이'라는 뜻입니다.

오늘날 터키 곳곳에서 케밥을 파는 전문 식당 케밥치(kebapci)를 볼 수 있으며, 터키 사람들은 싸고 맛있는 케밥을 즐겨 먹고 있습니다.

"케밥 주세요!"

터키에 가서 위와 같이 말하면 종업원은 어리둥절해합니다. 케밥은 고기를 구워 만든 요리의 총칭이므로, 어떤 케밥을 원하는지 구체적으로 말해야 하거든요.

터키 사람들은 케밥을 다양한 형태로 조리해 먹습니다. 몇 가지 예를 들면 불에 구운 고기를 얇게 썰어 빵 사이에 넣어 먹는 도네르(Doener) 케밥, 쇠고기에 토마토소스와 요구르트를 곁들여 먹는 이슈켄데르(Ishkender) 케밥, 여러 고기를 꼬치에 꽂아 구운 시시(Shish) 케밥 등이 있습니다. 우리나라에 많이 알려진 도네르 케밥은 커다란 고기를 꼬챙이에 끼워 돌려 가며 구우면서 그때그때 먹을 만큼 썰어서 만듭니다.

"케밥을 어떻게 먹으면 맛있을까?"

케밥을 먹는 방법도 여러 가지입니다. 터키 사람들은 바비큐처럼 고기만 먹거나 얇은 빵 위에 고기를 얹어 먹거나 접시에 채소를 곁들여 먹는 등 가지각색입니다. 그만큼 케밥은 국민적인 음식으로 사랑받고 있습니다.

이색적인 콩 요리 풀과 별미 튀김 타미야

'콩에 살고 콩에 죽는다.'

이집트 사람들은 콩을 무척 많이 먹습니다. 자국에서 생산되는 누에콩을 모두 소비할 정도로 다양하게 콩 요리를 즐깁니다. 이집트 사람들이 아침에 먹는 '풀 메다메스'는 그 대표적인 음식입니다. 줄여서 '풀(ful)'이라고 합니다.

'풀'은 누에콩을 가리키고, '메다메스'는 '(땅에) 묻다'라는 뜻입니다. 옛날 농부들이 누에콩 넣은 냄비를 땅에 묻어 흙으로 덮은 뒤 그 위에 나무를 태워 은근하게 오랫동안 익힌 데서 비롯된 이름입니다. 누에콩을 오래 삶으면 뭉글뭉글해지는데 여기에 올리브기름을 뿌리고 향신료를 넣은 뒤 레몬즙을 뿌려 완성합니다.

"빵과 함께 먹으면 맛있다오."

누에콩은 고대 이집트 때부터 사람들이 먹은 식품입니다. 이집트 번영을 이끌었던 람세스 2세가 나일강의 신에게 1만 통이 넘는 누에콩을 바친 데서 알 수 있듯,

예부터 누에콩은 귀한 음식으로 여겨졌습니다. 원산지가 이집트인 누에콩은 회색·녹색·분홍색 등 색깔이 다양하며 모양은 납작하게 생겼습니다. 이집트 사람들은 누에콩을 말려 풀 요리를 만들었습니다.

오늘날 이집트 가정에서는 아침에 일어나면 풀을 먹습니다. 영양이 많아 오전 내내 속이 든든하기 때문입니다. 이집트 사람들은 라마단 때도 풀을 즐겨 먹습니다. 라마단에는 해가 떠 있는 동안 음식을 먹지 않아야 하는데, 일반적으로 새벽에는 풀을 먹고, 해가 진 뒤에 타미야(ta'miyya)를 먹는 것입니다.

"콩을 갈아서도 먹는다오."

이집트 사람들은 콩을 삶아 토마토, 양파 등과 함께 으깨어 달걀과 같

이 먹기도 합니다. 이집트 사람들이 얼마나 콩을 좋아하는지는 타미야 요리를 통해서도 확인할 수 있습니다. 타미야는 간단히 말해 콩을 갈아 찧은 뒤 둥글넓적하게 빚어 기름에 튀긴 음식입니다. '팔라펠(falafel)'이라고도 부릅니다.

타미야는 크로켓(또는 큰 동그랑땡) 비슷하게 생겼으나 콩으로 만들어져 훨씬 더 많은 영양을 담고 있습니다. 건강에 좋은 것은 물론이고요. 타미야 크기는 한입에 먹을 만한 것부터 여러 입에 베어 먹어야 하는 큰 것까지 다양합니다. 타미야의 주요 재료는 노란빛이 도는 병아리콩과 볼록한 렌즈처럼 생긴 렌즈콩입니다.

"몸에 유익한 콩에다 채소까지 넣어 만들었으니 영양 만점이지요."

이집트 사람들은 타미야를 이집트 빵인 에이시에 넣어 샌드위치처럼 먹습니다. 각자의 입맛에 따라 각종 채소를 넣거나 소스를 뿌려 먹기도 합니다. 이집트 거리에는 이걸 손에 들고 다니면서 먹는 사람이 많습니다. 콩과 채소로 만들었지만 고기 맛이 나고 값도 싸기에 사람들이 좋아합니다.

"메제도 맛난 음식이라오."

이집트 사람들이 좋아하는 메제(mezze)는 여러 가지를 한 상에 차려 놓고 먹는 음식입니다. 메제는 본래 그리스에서 식사 전에 먹는 전채를 뜻했는데, 아랍에 들어와서 다양한 전채를 가리키게 되었습니다. '전채'는 식욕을 돋우기 위하여 식사 전에 나오는 간단한 요리를 말합니다.

이집트에서 메제는 다양한 형태로 요리되며 음료와 함께 먹습니다. 가지 같은 채소는 물론 구운 닭고기나 물고기도 상에 차려집니다. 메제에는 '티히나(tihina)'라는 소스가 반드시 따라 등장합니다. 티히나는 참깨를 으깨어 만든 것입니다. 이집트 사람들은 티히나를 고기나 생선에 뿌리는 소스로 쓰거나 샐러드에 마요네즈 대신 사용합니다.

한편 이집트에서는 웃어른이 '비스밀라(알라의 이름으로)'라고 중얼거린 뒤에 식사하는 게 예절입니다.

04 이란
쌀밥과 고기를 같이 먹는 요리, 첼로 캬밥

"아니, 신하들이 다 어디 갔지?"

옛날 이란의 한 왕이 사냥터에서 길을 잃었습니다. 왕은 이리저리 길을 찾다가 해 질 무렵 초라한 집을 발견하고는 안으로 들어가서 물었습니다.

"하룻밤 자고 가도 될까요?"

깊은 산속에 혼자 살던 할머니는 낯선 손님의 방문에 어리둥절한 표정을 짓다가 어서 들어오라고 대답했습니다. 할머니가 보기에, 손님의 옷차

림은 귀한 사람 같은데 얼굴은 굶주려서 매우 배고파 보였습니다.

'양 한 마리밖에 없는데 뭘 대접해야 하나.'

할머니는 잠깐 고민하다가 키우고 있던 양을 잡아 캬법을 만들었습니다. 왕은 아주 맛있다며 무척 많이 먹었습니다. 다음 날 아침 왕은 길을 나서기 전 할머니에게 물었습니다.

"그런데 양고기는 어디서 구하셨나요? 고기가 아주 신선하고 좋았습니다."

"기르고 있던 것이라오. 맛있게 잡셨다니 됐네요."

"어허, 그랬군요. 이거 큰 신세를 졌습니다."

왕궁으로 돌아온 왕은 신하를 시켜 할머니를 초대했습니다. 그러고는 맛있는 음식을 잘 대접한 뒤 넉넉한 상을 주었습니다. 자신의 전 재산이나 다름없는 양 한 마리를 아낌없이 대접한 데에 대한 보답이었지요.

위 이야기는 캬법(kabab)의 유래와 더불어 이란 사람들의 음식에 대한 생각을 잘 일러 주고 있습니다. 전통적으로 이란 사람들은 음식을 신이 내린 축복으로 여겨 왔습니다. 이 축복은 혼자 차지하는 것이 아니라 다른 사람과 나눌 때 더 커진다고 생각해서 손님 음식 대접을 중요하게 생각해 왔습니다.

그런데 '캬법'이란 무엇일까요? 그걸 알려면 이란 사람들의 음식 문화를 살펴봐야 합니다. 예부터 이란 사람들은 밥과 빵을 주식으로 삼았습니다. 이란 사람들이 먹는 쌀은 약간 푸석한 느낌인데, 대개 두 가지 방법으로 밥을 지어 먹습니다. 첼로(chelo)와 폴로(polo)가 그것입니다.

첼로는 쌀만으로 만든 밥, 폴로는 다른 재료를 넣어 만든 밥을 가리킵니다. 폴로는 모르그 폴로(닭고기 밥), 하비즈 폴로(홍당무 밥) 등 그 재료에 따라 명칭이 달라집니다. 이란 사람들은 쌀밥을 지을 때 밑바닥에 생긴 누룽지를 맛난 음식으로 여겨서 어른이나 손님에게 대접하곤 했습니다. 귀한 손님이 오면 노란 향료를 넣고 누룽지를 만들어 정성을 나타냈지요.

"누룽지는 고소하고 영양도 많아요."

이란 사람들은 캬법도 매우 좋아하는데 '꼬치에 끼워 숯불에 구운 고기'를 뜻합니다. 터키의 꼬치구이 케밥과 비슷한 음식입니다. 이란에서 역사가 가장 오래된 음식은 첼로 캬법(chelo kabab)입니다. 첼로는 쌀밥, 캬법은 꼬치구이 고기이니, 이란 사람들이 오래전부터 쌀밥을 먹을 때 숯불에 구운 꼬치구이를 반찬처럼 먹었음을 알 수 있습니다.

"고기에 따라 캬법 이름도 다르다오."

이란에서 양고기로 만들면 '첼로 캬법'이라 말합니다. 첼로 캬법의 경우 양고기를 다져서 요리하는 쿠비데와, 양고기를 얇게 베어 구워 먹는 바르그로 나뉩니다. 첼로 캬법은 뜨거운 쌀밥에 버터, 날달걀, 구운 토마토를 잘 섞은 뒤 먹습니다.

닭고기로 만들면 '주제 캬밥(juje kabab)'이라 부릅니다. 우리나라의 닭꼬치와 비슷한 음식입니다. 생선으로 만들면 '머히 캬밥(mahi kabab)'이라고 말합니다. 물고기를 토막 내어 꼬치에 꿰거나 통째로 구워 먹습니다. 사는 지역에 따라 흔한 재료를 캬밥으로 만들어 먹은 것이지요.

05 사우디아라비아
양고기와 밥으로 만드는 캅사

사우디아라비아는 사막을 떠돌아다닌 유목민들이 세운 나라입니다. '아라비아(Arabia)'는 '아랍인의 땅'을 뜻하고, '아랍'이라는 말은 '유목민'을 의미하며, '사우디(Saudi)'는 사우드 왕가에서 따온 이름입니다.

사우디아라비아의 대표적인 음식은 '캅사(kabsa)'입니다. 캅사는 본래 '양고기와 밥'을 가리키는 말로 쌀밥과 고기를 같이 먹는 음식이었습

니다. 만드는 방법은 대략 다음과 같습니다. 길쭉하고 얇은 쌀을 기름에 볶다가 물을 붓고 후추·계피·라임·사프란 따위 향신료를 넣습니다. 사프란으로 인해 완성된 쌀밥은 노란빛을 띱니다. 접시에 밥을 깔고 건포도와 홍당무 그리고 양고기를 올려놓고 먹습니다.

오늘날에는 양고기나 닭고기를 사용해서 캅사를 만듭니다. 대중적인 음식점에서는 양고기보다 값싼 닭고기를 주로 사용합니다. 고기는 기름이 빠지도록 꼬챙이에 꿰어 돌려 가며 굽습니다. 어떤 고기를 썼든 간에 캅사는 향기가 나면서 감칠맛을 내며, 사우디아라비아 사람들은 여기에 매콤한 양념과 상큼한 샐러드를 곁들여 먹습니다. 기름기 많은 쌀밥에 상큼한 채소 샐러드로 음식의 조화를 꾀하는 것이지요.

캅사는 맨손으로 먹는 게 관습입니다. 이때 반드시 오른손만을 사용하며 왼손은 절대로 쓰지 않습니다. 뼈에서 고기를 발라낼 때도 오른손만으로 합니다. 왼손은 불결하다고 생각하기 때문입니다. 또한 음식이 뜨거워도 '후후'하며 입김으로 식히지 않으며, 식사 중에는 별다른 일이 없는 한 말을 하지 않습니다. 오로지 음식 먹는 일에만 열중합니다. 음식을 신이 주신 귀한 것으로 생각하여 진지한 자세로 먹는 것입니다.

06 이스라엘
고난 극복을 기념하는 음식
마초

 기원전 3500년경의 일입니다. 그 무렵 이스라엘 사람들은 이집트에서 노예 생활을 하고 있었습니다. 하나님이 모세를 통해서 이집트 파라오에게 이스라엘 백성을 놓아주라고 요구했습니다. 파라오가 거절하자, 하나님은 이집트에 큰 재앙을 내립니다. 이때 하나님은 천사를 통해서 이스라엘 사람들에게 양의 피를 대문에 바르라고 미리 말했습니다. 죽음의 천

사는 양의 피를 바른 집만 그냥 지나가며(pass over) 이집트 집안의 맏아들을 모두 죽였습니다. 파라오의 아들도 죽였습니다. 놀란 파라오는 이스라엘 사람들을 추방했습니다.

"당장 이 땅을 떠나라!"

이스라엘 사람들은 급히 짐을 꾸려 이집트를 떠났습니다. 모세가 나서서 홍해와 사막을 건너 이스라엘 땅에 도착하도록 이끌었습니다.

이스라엘 사람들은 이 사건을 '패스오버(Passover)'라 부르며 해마다 기리고 있습니다. '넘어 가다'란 뜻의 영어 pass over(패스 오버)를 붙여서 축제 이름으로 지은 것이지요. 우리말로는 '유월절(逾越節)'이라고 하는데 逾(넘을 유), 越(넘을 월), 節(제도 절)이라는 글자에서 알 수 있듯이 집을 건너 지나간 데서 비롯된 명칭입니다.

유대인들은 유월절에 반드시 마초(matzo)를 먹습니다. '마초'는 유대인들이 노예 생활 때 먹었던 빵으로 매우 딱딱합니다. 누룩을 넣지 않아서 발효 안 된 빵이라 그렇습니다. 우리말로는 '무교병(無酵餠)'이라 말합니다. 한자 '酵(술밑 효)'는 지금은 '효'로 읽지만 초창기 성서가 편찬될 당시에는 '교'라고 발음했기에 '무교병'이라 이름 지은 것입니다.

유대인들은 유월절 첫날밤부터 일주일 내내 마초를 먹으면서 선조의 고난과 하나님 은혜를 기념합니다. 또한 무교병과 더불어 단단하게 삶은 달걀도 먹습니다. 딱딱한 빵을 먹으며 굴욕적인 날을 기억하고, 삶은 달

갈을 먹으면서 강한 의지를 다지기 위해서입니다. 일반적으로 식물은 삶으면 부드럽게 되지만, 달걀은 삶을수록 단단해지기에 '고난에 부딪칠수록 강해지라'는 의미로 삶은 달걀을 먹는 것이지요.

유대인들은 현대 들어서서 '마초볼(matzo ball soup)'이라는 이름의 닭고기 수프를 만들어 먹고 있습니다. 마초와 달걀·소금·후추·파슬리를 섞어 주물러서 동그란 공처럼 만든 다음에 닭고기 우린 수프에 넣어 끓여 먹습니다. 그 옛날 조상의 고통과 집념을 기억하되, 음식 자체는 맛나게 즐기기 위한 지혜인 셈입니다.

이 밖에도 유대인들은 음식에 특별한 의미나 가치를 두며 잘 따르고 있습니다. 한 예를 들면 유대인들은 유대 달력으로 새해 첫날에 대추야자·호박·사탕무를 먹거나 사과를 꿀에 찍어 먹습니다. 이는 기원전 1000년경 유대인들의 미신에서 비롯된 관습입니다.

'새해 첫날 호박·사탕무·대추야자를 먹어라. 그리하면 돈을 많이 벌 것이다.'

고대 유대인들은 세 식물이 빨리 자라는 점에 주목하여 위와 같이 생각했습니다. 빨리 자라는 식물을 먹으면 그 사람의 재물도 빠른 속도로 불어나리라 믿었던 것입니다. 또한 꿀에 담근 사과는 둥글고 아름답고 달콤한 행복을 상징한다고 생각했습니다. 요컨대 음식을 먹으면서 한 해 동안 돈을 많이 벌면서 행복하게 살고 싶은 마음을 기원하는 것입니다.

그런가 하면 유대인들은 종교 계율에 따라 비늘이나 지느러미 없는 생선, 문어·오징어·새우·게와 같은 어패류를 먹지 않습니다. 돼지고기와 그것을 가공한 소시지도 먹지 않습니다. 이렇듯 유대교 율법에 따른 음식물에 대한 제한 규정을 '코셔(kosher)'라고 합니다. 코셔를 지키는 음식점은 입구에 '코셔'라고 써서 유대인 음식점임을 나타냅니다.

07 에티오피아
따로 또 같이 먹는 음식 인제라

2000년대 초 세계 각국의 문맹 퇴치와 초등 의무 교육을 위해 노력하는 유네스코(UNESCO) 직원이 아프리카 동부 에티오피아의 산골을 방문했을 때의 일입니다. 그곳에 천막 몇 개가 처져 있었기에 책임자에게 뭔지 물었습니다.

"곧 죽을 사람들을 모아 둔 곳입니다."

직원이 그 말에 깜짝 놀라 되묻자, 책임자는 안타까운 표정으로 이어 말했습니다.

"전염병이 퍼지지 않도록 어쩔 수 없이 그리 했습니다. 얼마 전 다녀간 의료 지원단으로부터 며칠 살지 못할 것으로 판명 난 사람들이고요."

직원은 책임자와 함께 천막으로 들어가 보았습니다. 어린아이들 대부분이 삐쩍 마른 몰골로 죽음을 기다리고 있었습니다. 그중 한 아이가 유네스코 직원에게 힘없는 목소리로 뭔가 계속 말했습니다. 직원이 귀를 가까이 대고 들어 보니 아이는 '인제라'라는 말을 반복했습니다. 얼마 뒤 아이는 숨을 거두었습니다. 직원은 눈물을 뚝뚝 흘리며 천막을 나왔다고 합니다.

위 슬픈 일화에 나오는 인제라(injera)는 에티오피아 사람들의 주식이자 전통 음식입니다. 형태는 우리나라 빈대떡이나 서양 팬케이크와 비슷하지만, 재료나 맛은 많이 다릅니다.

인제라는 에티오피아에서 자라는 곡물인 테프(teff)로 만듭니다. '테프'의 알갱이는 세상의 곡물 중에서 가장 작습니다. 테프 100알 이상 모아야 밀알 1개 크기가 될 정도이거든요.

"테프는 작은 크기이어도 영양 많은 알찬 곡물입니다."

테프는 섬유질, 철분, 칼슘이 많고 소화도 잘됩니다. 하여 주식으로 삼아도 손색이 없습니다. 에티오피아 사람들은 테프 알갱이를 가루로 만들어 물에 반죽한 뒤 자연 효소를 넣고 며칠 동안 숙성시킵니다. 발효 과정에서 시큼한 맛이 생깁니다. 그리고 숙성된 반죽을 뜨겁게 달군 솥뚜껑 모양의 그릇에 넓게 펼쳐 둥글고 얇게 굽습니다. 그러면 한쪽 면에 거품이 일어나면서 작은 구멍이 생긴 인제라가 완성됩니다. 구멍 난 부분을 얼핏 보면 스펀지 같기도 합니다. 생긴 모양은 부침개에 가깝지만 효소로 발효시켜 구웠으므로 엄연한 빵입니다.

에티오피아 사람들은 광주리에 인제라를 식탁보처럼 펼쳐 놓고 그 위에 찍어 먹을 소스나 싸 먹을 건더기를 올려놓습니다. 때로는 인제라를 돌돌 말아 올려놓기도 합니다. 인제라를 어떻게 놓든 간에 손으로 조금씩 뜯어 고기나 채소를 싸서 소스에 찍어 먹으면 됩니다.

"인제라는 한꺼번에 먹지 말고 조금씩 먹어야 합니다."

인제라는 조금 시큼하면서도 쌉쌀하고 담백한 맛을 냅니다. 인제라로 건더기와 소스를 싸서 먹는 것을 '와트(wat)'라고 합니다. 와트는 달걀·고기·채소 등의 건더기와 양념한 소스를 가리키기도 합니다. 다시 말하면 인제라는 우리나라의 밥에 해당되고, 와트는 반찬에 해당합니다. 사람들은 자기 식성에 따라 고기나 채소를 넣고 양념을 곁들여 먹는 것입니다.

"한 번은 고기를 싸 먹고, 한 번은 채소를 싸 먹는 재미도 있다오."

인제라는 기본적으로 테프로 만들지만 지역에 따라서는 수수 가루, 옥수숫가루, 보릿가루, 밀가루 등을 섞어서도 만듭니다. 인제라는 에티오피

아를 비롯해 소말리아, 지부티 같은 이웃 나라 사람들도 주식으로 먹고 있습니다.

에티오피아 가정에서는 일반적으로 남자들이 먼저 먹고 이어 여자들이 식사합니다. 여러 사람이 모여 있을 때는 가장 나이 많은 어른이 음식을 집은 뒤에 식사하는 게 관습입니다. 또한 음식을 먹을 때는 말을 삼가고 조용히 먹습니다. 때때로 음식을 집어서 다른 사람에게 주는 경우도 있는데, 이는 사랑하고 좋아한다는 표시이므로 거절하지 말아야 합니다.

08 동부 아프리카
옥수숫가루를 휘저어 만든 우갈리

케냐, 탄자니아 등이 위치한 동아프리카 사람들은 우갈리(Ugali)를 주식으로 삼고 있습니다. '우갈리'가 뭘까요? 우갈리는 간단히 말해 곡물 가루를 뜨거운 물에 넣고 휘휘 저어 만드는 음식입니다. 완성된 모양은 우리나라의 백설기를 닮았지만 더 푸석하고 맛도 밋밋합니다. 소금조차 넣지 않았기 때문이지요.

우갈리는 크게 두 가지로 나뉩니다. 옥수수 우갈리와 카사바 우갈리가 그것인데, 우갈리라고 하면 사실상 옥수수 우갈리를 의미합니다. 옥수수가 가장 흔하기에 사람들은 말린 옥수수 알갱이나 빻은 옥수숫가루를 집에 사다 놓고 틈틈이 우갈리를 만들어 먹습니다.

그런데 우갈리 재료로 쓰이는 옥수숫가루는 노르스름한 색이 아니라 흰색입니다. 까끌까끌한 옥수수 껍질을 벗겨내고 흰 알갱이만 가루로 만들어서 그렇습니다. 영양은 껍질에 많으므로 우갈리는 탄수화물 말고는 별다른 영양소가 들어 있지 않습니다.

 우갈리를 만드는 방법은 대략 다음과 같습니다. 먼저 냄비에 물을 넣고 끓입니다. 물이 끓으면 옥수숫가루를 조금씩 넣으면서 엉기지 않도록 저어 줍니다. 걸쭉한 죽을 넘어서 떡처럼 될 때까지 계속 끓입니다. 타지 않도록 자주 뒤집어 줍니다. 백설기 같은 상태가 되면 냄비를 뒤집어 그릇에 담습니다. 이처럼 만드는 과정은 단순하지만 수시로 휘저어 주어야 하므로 보기보다 힘이 많이 듭니다.

 동아프리카 사람들은 왜 옥수숫가루로 우갈리를 만들어 먹을까요? 그 이유는 근대 들어서 주식으로 먹어 온 바나나를 시장에 내다 팔고 값싼 옥수수를 사 먹어야 했던 가난한 역사 문화에 있습니다. 또한 옥수숫가루로 만든 우갈리는 소화시키는 데 시간이 많이 걸려서 한참 동안 속이

든든하기에 주식으로 삼은 것입니다.

　우갈리는 아무 맛이 없으므로 소금으로 간한 삶은 콩이나 음치차(비름나물) 따위 나물을 곁들여 먹습니다. 또 옥수수 반죽 덩어리는 식으면 먹기 힘든 까닭에 사람들은 우갈리를 만든 직후 따뜻할 때 먹습니다.